Manfred Wagner

ANTON BRUCKNER

SEIN WERK – SEIN LEBEN

Verlag Holzhausen 1995

Inhalt

Vorwort

Die Bedeutung eines Komponisten in knapper Beschreibung zu umreißen ist nicht leicht, noch dazu, wenn uns nur 100 Jahre von seinem Todestag trennen, die Musik schwer aufführbar ist, über das Leben mehr Geschichtchen als Fakten bekannt sind und politische Systeme wie der Nationalsozialismus seine musikalischen Themen benutzte. Es trotzdem zu versuchen heißt, wesentlich auf die orale Tradition zu verzichten, weil sie zu parteiengefärbt scheint, den originalen Quellen nachzuspüren und ein Gefühl für die Lebenswelt dieses Komponisten zu entwickeln, der aus der bäuerlichen Welt kam und die gesellschaftliche Spitze der Urbanität erreichte.

Über einen Komponisten zu schreiben bedeutet auch, sich mit dem Werk auseinanderzusetzen, zu zeigen, worin die Bedeutung liegt und was weniger wichtig war, Diagnosen zu stellen, die subjektiv gefärbt und trotzdem rational nachprüfbar sind.

Der schwierigste Faktor für das Begreifen ist aber das Verhältnis von Leben und Werk, das ganz sicher existiert, aber sich oft der klaren Deutung entzieht. Auch Bruckner macht es einem nicht leicht, weil er bestimmte Strategien im Kopf hatte und diese auch durchsetzte, und andererseits Zögern und Skrupelhaftigkeit mit Unsicherheiten bezahlte, deren gewichtigste wohl die verschiedenen Fassungen sind, in denen viele seiner Sinfonien existieren. Möglicherweise aber helfen diese Fassungen wiederum, die Absichten Bruckners schärfer zu konturieren und die Spannweite zu durchmessen, die dieser oberösterreichische Komponist in seinem musikalischen Denken vorgelegt hat.

Darüber hinaus sollen alle Leser, gleichgültig, wie es um ihre musikalische Bildung bestellt ist, einen Eindruck von der Arbeitsweise eines Musikschaffenden erhalten, Verständnis für die verschlungenen Pfade seines Lebens aufbringen, auf die Musik neugierig werden. Denn sie ist, bei allem, was an ergänzenden Informationen notwendig ist, das Zentrum.

Manfred Wagner

Bruckner und seine Klischees

Es ist schon verblüffend, wenn die Vorstellung von einer Komponistenpersönlichkeit sich auf die Silhouette eines Scherenschnitts reduziert. Tatsächlich hat Otto Böhler mit seinen typisierenden Scherenschnitten die Leibhaftigkeit Bruckners derart geprägt, daß kein Porträt, keine Büste und keine Fotografie mehr Wirkung erzeugte.

An diesem Bruckner stimmen einfach die Proportionen nicht. Er ist nur doppelt so groß als er breit ist, mit einem riesigen Glatzkopf und der typischen Hakennase, fast ohne Hals, mit kurzen Extremitäten, die entweder durch flatternde Hosen oder hilflose händische Gesten geprägt sind. Dieser Bruckner ist klein, einen Kopf kürzer als Johannes Brahms, gebeugt in seiner Haltung und mit dem überlangen Rock das Signal vom unmodischen Bauernstand verkündend. Das war das Bild von einem Künstler, dem selbst seine Freunde bestätigten, daß er „kaum irgendwelche intellektuellen Bedürfnisse“ hatte, der „kindlich als Künstler und kindisch als Mensch“ sei, der „nicht nur keine Wehr scharfer Verstandeswaffen hat, sondern den atavistische Relikte aus der Zeit höriger vormärzlicher Lehrervorfahren unterliegen ließen“.

Schon sein erster Biograph Franz Brunner nahm 1895 auf jenen oberösterreichischen „Mostschädel“ Bezug, dessen Wiege „in unserem gesegneten Mostlande“ gestanden sei. Da lag der „inkognito reisende Klosterkellermeister" zum Vergleich nahe, der „wohlbeleibte Mann mit dem kugelrunden, glattgeschorenen Kopf, ein leuchtendes Zeichen siegreichen Triumphes über jegliche Fleischtheuerung, der an eine zweibeinige Riesenbirne erinnert", und dem man, als Wunsch für die Zukunft, am Ende eines Porträtartikels in der Wiener Deutschen Zeitung nur nachrufen kann: „Besten Appetit wie bis heute".

Vom „Mostschädel" ist kein weiter Weg zum „musikalischen bzw. antimusikalischen Blödsinn des Querkopfs Bruckner", dessen „innewohnende Frömmigkeit" Trivialautoren zum Abbild eines „tölpischen Träumers" zu wenden wissen. Der „Ehrfürchtige", der „Herrgottsinfonien" und „göttliche Finali" schreibt, der dem „Himmel voller Geigen" auf der „Sunnseit'n" angehört, vom „Gottesufer" kommt und nach seinem „Gloria" seine „Himmelfahrt" erträumt, kurzum, „Bruckner und der liebe Gott" werden zu Romanfiguren, die in solcher Konstellation bis dahin nicht dagewesen.

Auch die Wissenschaft, sofern sie religiös motiviert ist, steht dem nicht nach. Da ist die Rede von den „Messen ohne Text", von der „gut disponierten musikalischen Theologie", vom Begriff der „Heiligen Sinfonie". Da sprechen ihm die einen Einfalt zu, weil „ein Thema von der Gläubigkeit und demutsvollen Ergebung in den Willen Gottes seit Johann Sebastian Bach keinem Komponisten mehr eingefallen" sei, oder andererseits Prunksucht, daß die „prunkende, äußerliche, öffentliche Bestätigung des Glaubens, wie ihn die katholische Kirche liebt, seine Domäne" wäre. Da reden die einen von seiner Musik als „auf dem Fundament des religiösen Gefühls stehend" oder daß „Ethos und

Baßfundament unentwegt die Stütze seiner Schöpfungen" blieben, vom „Christusimpuls, von „Communio von Gott und der Welt", von der „Sprachgewalt eines Tauler", „Schaukraft eines Ekkehardt" und der „visionären Glut eines Grünewald", von der „raphaelischen Schönheit des göttlichen Kindes" und jenem „erdenentschwebenden, übersinnlichen, feierlichen Grundton", dem „Priesterlichen in Wagner, seinem Willen zur kultischen Kunst, der es Bruckner antat", von einem „religiösen Kult-Urerlebnis", das im Gegensatz zu Liszts religiösem Kult-Erlebnis stünde.

Bruckner entgeht aber auch nicht jenen Autoren, die den Nationalismus auf ihre Fahnen geheftet haben und ihn zum oberösterreichischen Lokalpatrioten und in der Folge zum gesamtdeutschen nordischen „Schicksalshelden" machen. Der Komponist wäre besessen vom „Daimonion der Landlererde", seine Neunte Sinfonie sei die „geheimnisvollste und mythischste Erfassung des heißgeliebten Vaterlandes Oberösterreich". Die Donau flösse durch Bruckners Sinfonien, „deren Felder hier duften, deren Wald hier rauscht, deren Klosterkirchen, Wirtshaus und Schulstube in der Brucknerschen Musik sich spiegeln", sie sei „Natur, Religion und Liebe (= Bindung an das geistige All)". Von der „kerngesunden, kraftstrotzenden männlich-deutschen Künstlernatur" ist die Rede, welche „fremden Kunstelementen, die mit unserer bisherigen Kultur kaum einen Faden gemeinsam haben" gegenübergestellt wird. Die „nordischen Schicksalsbilder" finden sich ebenso wie Bruckners „deutsche Wiedergeburt", die „nordische Spätreife", seine Sinfonien als „deutsche Apokalypse". Sein „Aufstieg im Volk" bewirkt der zu „höchster Blüte entfaltete germanische, im engeren Sinn deutsche

Geist, der dieser Musik innewohnt und dieses Wunder bewirkt". So sei die Achte Sinfonie die Sinfonie „des deutschen Menschen, mit einer deutschen Heldengestalt", so „mit Heldenkraft, mit deutscher Beharrlichkeit und Zähigkeit, mit festem Gottvertrauen ausgerüstet, sei der Deutsche dazu berufen, über alle irdischen Hindernisse, die sich seinem edlen Streben in den Weg stellen, siegreich zu triumphieren".

Aber die sich ernsthaft gebende geistesgeschichtliche Deutung übertrieb nicht weniger. So wurden Bruckner die Fragen einer „barocken" oder „gotischen Struktur" angedichtet, eine Anfangsthematik im Sinne des Hegelschen „Wenn der Geist sich zu sich selbst entwickelt", so sah ihn die kulturphilosophische Betrachtungsweise als den „Ausschau haltenden Mystiker", den „selbstleuchtenden Menschen", dessen „plans of symphonies we may compare to that of a Gothic cathedral", als den „Seher, der mit dem anfängt, was geschehen mußte, damit es Geschichte gäbe", als den „kosmischen Musiker", der „sich nicht titanenhaft gegenüberstellt, sondern im Einklang eine ruhevolle schöpferische Kraft in die Welt hineinsenkt". „Aus der großen österreichischen Landschaft" sei er gewachsen, aus der „Landschaft der Barockzeit, die das große Pathos der Barockmusik, ihren sinnlichen Klang, die Festpracht der Bläser, die breite Melodie hat", was ihn aber davon unterscheide, sei seine „Innigkeit". In einem „Stammbaum in spiritualibus der österreichischen Musik" entspricht Bruckner dem spätbarocken Fux, er ist „Mozart seelisch-musikalisch verwandt", nach dem „Vollender der Beethovenschen Sinfonik" wird er zum „Zeitgemäßen und Unzeitgemäßen seiner Epoche", das „Vorbild für die Wiener

Schule", bis er zum „Bannerträger der Ultramoderne" avanciert, womit sich der Kreis zum Begriff der „Aufhebung der Musikgeschichte und Sinfoniegeschichte ins Absolute" schließt.

„Halb Genie, halb Trottel", soll der berühmte Dirigent und Liszt-Schwiegersohn Hans von Bülow geätzt haben, und er umfing damit jene antipodische Rezeption, die Bruckner während seines Lebens und, so scheint es, bis heute begleitet.

Was bedeutet uns Bruckner heute?

Wenn man die Konzertprogramme der international renommierten Aufführungsstätten betrachtet, wenn man den Tonträgermarkt, gleichgültig, ob Schallplatte, CD, Kassette, Bildplatte oder Videoband, als Argument für Konsumation heranzieht, fällt auf, daß die Aufführung des Brucknerschen Werkes – vor allem seiner Sinfonien, aber nicht nur dieser – zunimmt. Dabei spielen die verschiedenen Fassungen eher eine geringe Rolle, sind nach wie vor die Erstfassungen Raritäten, andererseits aber ist man sich des Problems bewußt, weil nahezu überall relativ philologisch genau die jeweilig gespielten Fassungen angegeben werden. Gleichgültig, ob in Europa, dem amerikanischen Raum oder zunehmend im südostasiatischen, es gibt ein steigendes Interesse an Bruckners Musik und parallel dazu ein gesteigertes Interesse gerade der herausragendsten und international renommiertesten Klangkörper wie auch der obersten Rangskala der Dirigenten.

Von den drei Ecksteinen des Brucknerschen Lebens – seiner Tätigkeit als Organist und Improvisateur, seinem Lehrerdasein und seiner Existenz als Komponist – ist also aus naheliegenden Gründen ausschließlich die Komposition als wertbeständig übriggeblieben und manifestiert sich in der Konzentration auf die Sinfonie. Auffallend und sich möglicherweise von der Rezeption anderer Komponisten unterscheidend ist, daß Bruckners persönliche Sichtung, also die Verwerfung der Studiensinfonie (WAB 99) und der „Nullten" (WAB 100), akzeptiert wird und aus dem zahlenmäßig umfangreichen kirchenmusikalischen Schaffen die drei großen Messen (WAB 26, 27, 28) und das *Te Deum* (WAB 45) übrigbleiben, während alle anderen Kompositionen eher ein Schattendasein führen und nur in Ausnahmefällen in Konzertprogrammen aufscheinen.

Bruckners kluge Einschätzung seines Werkes, die er durch die Sichtung im Jahre 1895 vornahm, indem er, was vor seinen Augen Bestand hatte, der Österreichischen Nationalbibliothek übergab, hat sich also durchgesetzt. Dies gelang zweifelsfrei auch durch die doch weit fortgeschrittene Gesamtausgabe, die, wenn auch noch viele Revisionsberichte fehlen, ein diskutables Material zur Verfügung stellt, das – bis auf ganz wenige Ausnahmen – nicht mehr philologischen Angriffen ausgesetzt ist. Es geht also – und dies ist gar nicht selbstverständlich, achtet man beispielsweise auf das Werk Joseph Haydns oder auch Franz Liszts – um ein relativ ungebrochenes, komplexes Vorhandensein des Brucknerschen Oeuvres in unserem Bewußtsein.

Die Begründung dafür hat ohne Zweifel etwas von einer subjektiven Deutung dieses Umstands, der aber dadurch relativiert wird, daß, sofern man das Schrifttum über Bruckner gut kennt und die einschlägige Rezeption verfolgt, doch gewisse Trends innerhalb dieser Rezeption sichtbar werden. So fallen derzeit sieben Motivationslagen zumindest für den leichter überschaubaren europäischen Aufführungskomplex auf:

Bruckner – Sinfonie der Romantik

Das 20. Jahrhundert und vor allem die Zeit nach 1945 hat als eine wesentliche Säule des öffentlichen Musiklebens die Interpretation von Werken des 19. Jahrhunderts bevorzugt. Dies könnte damit zusammenhängen, daß, wie manche glauben, das 20. Jahrhundert immer noch im geistigen Schlepptau des 19. Jahrhunderts lebt, im Genie-Mythos beispielsweise, in der zugeschriebenen Autonomie der Musik, der Funktion der Musik in einer bürgerlichen Gesellschaft. Die Sinfonie, gleichgültig, ob von Beethoven, Schubert, Brahms, Mahler, von Schumann, Dvořák, Tschaikowsky etc., um die gängigsten des Konzertrepertoires zu nennen, ist als Demonstration des großen Orchesterspiels und einer klaren, überschaubaren formalen Struktur beliebt. Sie, die als die Krönung der autonomen musikalischen Auseinandersetzung mit einem grundsätzlichen thematischen Material gilt, entspricht sowohl in der Länge ihrer Dauer, in der Besetzung und ihrer formalen Gliederung einem relativ leichtverständlichen und inzwischen längst gewohnten Sujet, das zwar individuell völlig anders aussehen kann, aber formal sich doch über einen Kamm scheren läßt. Die Sinfonie bietet nicht nur die Abwechslung des Tempos des musikalischen Zeitverlaufs, nicht nur die Variabilität verschiedener grundlegender formaler Dispositionen, nicht nur die Verschiedenheit von Takteinheiten, sondern auch eine inhaltliche Varianz, die sehr vieles von dem abdeckt, was wir von Musik erwarten: die Erhabenheit, die Größe eines Themas ebenso wie den schnellen Herzschlag, das Spielerische ebenso wie den Themen-Diskurs, die Kombination von Dialektischem ebenso wie die Einheitlichkeit einer Idée fixe, Eigenschaften von Schwere und Leichtigkeit, Zerreißproben von Tonhöhen, Variationen von Rhythmen und darüber hinaus die Farbpalette des orchestralen Apparats.

Dabei kommt die österreichische Sinfonie (sofern diese topographische Eingrenzung erlaubt ist) gut weg. Denn sie hat, wenn man so will, beide Stränge der inhaltlichen Disposition: einerseits die materielle, handwerkliche, intellektuelle Disposition mit dem Problem der thematischen Bezogenheit, also der Auseinandersetzung mit einem musikalischen Gedanken, der vorgestellt, verändert, zertrümmert und wieder zusammengesetzt wird (wie bei Beethoven und Brahms), andererseits eine Flächigkeit, die von der Aneinanderreihung der Ideen lebt, von dem Spielen mit ganzen Bestandteilen, von dem einen Typischen, das in andere Kontexte gesetzt wird. Modelle, wie sie Schubert schon auch, dann aber vor allem Bruckner und Mahler bis zu den gewaltigsten Zeitausdehnungen strapaziert haben. Und dabei bleibt die Gemeinsamkeit einer Art „sprechenden" Musik erhalten, eine Parallele zu jenem Reden, das in einer Wienerischen Ausprägung von Musik so typisch ist und seit dem Minnegesang bis in die unmittelbare Gegenwart ihre Attraktivität für Komponisten und Hörer nicht verloren hat.

Dieses gestische Moment der Sinfonie tut immer so als erzählte es eine Geschichte oder beteiligte es sich an einer Unterhaltung. Es verleiht der Sinfonie so Sprachcharakter, der ebenso etwas von „Plauscherl" im Café an sich hat wie vom Pathos der Erbauung. Die Sinfonie ist immer auch volkstümlich, zitiert entweder richtig wörtlich volkseigene Melodik oder solche, die es sein könnte, oder nimmt in ihrem immerwährenden Bezug auf den vertrauten Tanz die Folie des Verbreiteten, Einfachen, Gemeinsamen auf.

Bruckner hat innerhalb dieser Wiener sinfonischen Tradition der Romantik ein Spezifikum herausgearbeitet: die ausgewogene Disposition der Ecksätze beispielsweise, die neue Dimension eines sich versenkenden langsamen Tempos und im Gegensatz dazu den härtesten Kontrast von Ausgelassenheit im Sinn stampfender Bewegung, der bis in die orgiastischen Tiefen des Lärms reichen kann und durch die Nachbarschaft mit dem Beschaulichen die dramaturgische Wirkung steigert. Bruckner holt auch mit seiner Sinfonie eine Sehnsucht des 19. Jahrhunderts nach Geschichte herauf, die tatsächlich Pate für die ganze Romantik stand: die Frage nach dem langen Hintergrund von Musik, nach der Ferne des musikalischen Raumes, nach dem Entstehen des Klanges, eine Zeitprojektion, die von Literaten und Malern ins Mittelalter gerichtet war, und weil das in der Musik realiter nicht möglich schien, ein Ersatz-Mittelalter im Sinne einer gotischen Dimension brauchte.

Damit beantwortete Bruckner gleich mehrere Fragen: jene nach der Zeit, der Realzeit ebenso wie jene nach der historischen Zeit oder dem Abstand von heute zu früher, und jene nach dem Unterschiedlichen von Kunst und Natur, wobei Natur und das Frühere in der Vorstellung oft ineinanderfließen.

Bruckners Klangraum

Gerade unsere neuesten technischen Errungenschaften wie Stereophonie, Quadrophonie und jene synthetische Überzeugung von Umraumklang, der technisch allenthalben simuliert wird, fallen mit Bruckners Klangdisposition zusammen. Sein Modell der Klangvorstellung als Demonstration ist uns sehr nahe. Da gibt es am Anfang der Sinfonie das Werden aus dem Nichts. Da wird die Steigerung vom dreifachen Pianissimo zum dreifachen Fortissimo über weite Taktstrecken gezogen, so weite wie bei keinem anderen Komponisten. Da baut er den Klang nicht nur durch Lauterwerden des Einzelinstruments auf, was eine Steigerungskontinuität bedeutet, sondern auch durch die Addition von Klangerzeugern. Diese Addition erfolgt quadratisch, wenn man so will, mit versteckten, aber zeitmäßig genau gezirkelten Impulsen. Dieser punktuelle Zusatz zeigt fast didaktisch, möchte man sagen, die Fähigkeiten des Orchesters auf, die Potenz, die die einzelnen Instrumente und Instrumentengruppen einbringen, sozusagen eine Vorführung der Teile und des Ganzen. Das, was unser Denken bewegt, dieses Gleichzeitige von Atomismus und Komplexität, ist bei Bruckner nicht nur geistig vorformuliert, sondern auch demonstrativ hör- und sichtbar am akustischen Feld bewiesen. Und beides bekommt eine geheimnisvolle Aura, lebt von dem Gegensatz, der in den ersten Fassungen noch als zerrissene Konfrontation explosiv manifestiert ist und in den späteren verbindlicher, aber nichtsdestoweniger die Extrempunkte erreichend ausformuliert wurde.

Die Gegensätze leben voneinander: die unhörbaren Tremoli am Beginn, die immer wieder später bewußt als Reminiszenz an das Werden von Musik eingesetzt werden, und die Explosivstoffe, die die Themata in der Regel ausmachen und umgekehrt. Klangrausch ist bei Bruckner nicht die Illustration von Texten und Vorstellungen, die Woge, auf der die Worte schwimmen wie bei Richard Wagner, wobei radikal gesprochen irgendwann die Worte unnütz werden und im „Meer der Töne“ versinken. Klangrausch ist bei Bruckner nicht auf die Auslotung alles Materialen im äußersten Fortissimo beschränkt, sondern sehr strukturiert in der Dramaturgie der Unterschiedlichkeit der instrumentalen Gruppen aufbewahrt. Diese Vorstellung vom klingenden Universum existiert nicht nur in der Macht des vollbeschäftigten Orchesterapparats, sondern auch in der Dimension der Einzelklänge, die von den Instrumentengruppen hergestellt werden. Auch wenn seitenweise Fortissimi, also höchste Lautstärken vorgeschrieben sind, entsteht keine statische Blockvariante über lange Zeit, sondern eher ein Wellenmodell, das in Höhen und Tiefen sich selber reglementiert und damit akustisch differenziert. Selbst physikalisch läßt sich dies nachweisen, wie die Schaubilder selbst Nichtspezialisten überzeugen.

Bruckners Klangrausch gerät niemals außer sich, das heißt außerhalb der musikalischen Sphäre. Der Rausch ist musikalisch-materiell determiniert und bleibt innerhalb des musikalischen Gedankens. Er wird nicht zum Surrogat für irgendwelche, also außermusikalische Gefühle, und wenn sie punktuell auftauchen sollen, so werden sie von der nächsten Welle vertrieben.

Dieser Klangrausch kann weit gehen, bis an die Grenzen jener Musik, wie man sie zu Bruckners Zeiten noch verstand, aber nicht über jene, die wir heute meinen. Wir haben keine Schwierigkeiten, die Stille als den negativen Ton zu deuten, als Minus-Musik, wobei „Minus“ nicht eine Wertung, sondern die physikalische Beschreibung eines noch nicht wahrnehmbaren Tonzustandes darstellt. Wir haben keine Schwierigkeiten, das Überkippen in den Lärm, wie es in der Organisation des Scherzos der Neunten Sinfonie angedeutet ist, zu akzeptieren, weil das 20. Jahrhundert längst mit diesem Parameter arbeitet.

Der Klangrausch bei Bruckner ist nicht so sehr die Überstülpung einer Idee, die Inbesitznahme eines momentanen Zustands, sondern die Öffnung eines Zustands in eine Dimension, die zwar noch musikalisch begrenzt, aber nahezu unvorstellbar erscheint.

Bruckner und die Erhabenheit

Zweifellos ist das Thema des Würdevollen im Sinn des Feierlichen ein Konstitutivum Brucknerscher Musik. Daß er es selbst wußte, geht aus dieser Satzbezeichnung „Feierlich" hervor, die er auch zur Charakteristik mancher Stellen einsetzt. Er meint damit aber wie auch in seinen Rauschkategorien nie die Disposition an sich, sondern nur bestimmte Ausdrucksweisen, Standpunkte, die manchmal im Fall seiner Adagii zu Standorten werden.

Diese Erhabenheit hat keine Pathos-Automatik, sie hat nichts von großer Ankündigung und nichts von Vorbereitung an sich, sie tut auch nicht so als ob, sie ist musikalisch determiniert. Sie besteht, radikal gesprochen, aus materiellen, logischen Voraussetzungen des Tongefüges selbst, aus der Wirkung des Einzeltons und den unmittelbar stärkst nachfolgenden Obertönen Oktave und Quint.

Man stelle sich vor: Die einfachste musikalische Ausdrucksweise ist der Einzelton. Dieser Einzelton bedeutet strikteste Einfachheit, Naturklang, Gegebenheit. Im physikalisch feststellbaren Mitschwingverfahren, das mit Obertönen gekennzeichnet wird, ist der erste Oberton die Oktave, also die Herstellung des Einklanges, nur im Abstand von einer Oktave versetzt. Die meisten Hörer nehmen diese Oktave oft gar nicht wahr, weil sie ein eher nicht unterscheidbares Intervall als Bestätigung des Einzeltones hören. Selbst ein ganzes Orchester, das vom tiefsten Kontrabaß bis zur höchsten Piccoloflöte in Oktaven spielt, wird gestaltmäßig als Bestätigung eines Einzeltones wahrgenommen.

Der zweite Oberton, der nach der Oktave mitschwingt, ist die Quinte. Dies resultiert aus reinen physikalischen Gesichtspunkten, wobei diese Quinte zwar deutlich das Gefühl von zwei verschiedenen Tönen spiegelt, aber nicht erkennen läßt, welche Tonart oder welche Tongeschlechtigkeit gemeint ist. Zur Feststellung eines Dur- oder Moll-Dreiklangs bedarf es nämlich der Terze, der großen oder kleinen, die zwischen Oktave und Quinte liegt und uns das sichere Gefühl für die Dreiklangsbestimmung gibt. Die reine Quinte erklingt somit beim Einklang als zweiter Oberton, sofern sie angespielt wird als Distanzmodell zum Grundton, der eine Art erhabener Leere simuliert.

Erhabenheit ist somit ein Naturphänomen, ganz sicher beim Orgelspiel auch aus der Natur abgelauscht und als Metapher für den Begriff des Werdens zum eigenen Gesetz erhoben. In diesem Werden steckt Geschichte, Einfachheit, das Mysterium des Natürlichen ebenso wie höchste Komplexität, eine Gottesvorstellung, mit der der katholisch-religiöse Bruckner auf jeden Anflug von Metaphysik antwortet. Bruckners einziges und zentrales Thema seines musikalischen Schaffens ist dieses Phänomen eines Gottesbegriffs, den er mit dem Anfang und dem Ende zusammenwirft und daraus seine musikalische Determination ableitet. Das heißt nicht, daß er Bilder komponiert, Dinge als ob, sondern existentielle Vorstellungen, die in der Physik der Ein- und Ausschwingvorgänge ebenso präsent sind wie in Interpunktionen, Raumausschreitungen, Entstehungsgeschichten und Faßlichkeiten eines metaphysischen Systems. Der Schauer dieser Erhabenheit ist deswegen auch nicht auf das Pathos beschränkt, wie so oft in der Musik, sondern ebenso auf die minimalistische Zelle, auf Schwebendes ohne Boden, auf die Simplizität vom Einzelton, seiner Wiederholung im Oktavenabstand und der darüberliegenden Quinte.

Bruckner – Parataxe

Der große Unterschied zur Musik seines Zeitgenossen Johannes Brahms ist bei Bruckner die andere Behandlung des thematischen Materials. Einfach formuliert ist nicht die dialektische Zertrümmerung und Zusammensetzung des Themas die Aufgabe, sondern die Eingliederung thematischen Materials in einen anderen Kontext. Er muß dies vor allem dadurch tun, indem er dieses Material nebeneinanderstellt, weil nur so die neue Disposition, die Veränderung an sich, die Mutation sichtbar wird. Man kann dies als Variantentechnik bezeichnen, wenn man will, als Mutantenstruktur oder neutraler: als Parataxe, als Aneinanderreihung von Modellen, gleichgültig wie entworfen, in der Und- oder Beistrichform, jedes für sich emanzipiert, gleichwertig, aufgefädelt wie an einer Perlenkette, in sich aber unterschiedlich, wobei die Herstellung der Unterschiedlichkeit mit ganz verschiedenen Mitteln erfolgt.

Diese Mittel umfassen alle Errungenschaften des musikalischen Apparats und beziehen sich nicht nur auf die Gestalt, die Formung, Intervalle und Rhythmus. Farbe ist ein zentrales Moment, vor allem Einfärbung, Dynamik, kontextuale Struktur, die Folie im Hintergrund, die Überstülpung im Vordergrund, die Beziehung der Einzelbestandteile untereinander, und damit die Möglichkeit einer, wenn man so will, unendlichen Reihe von *n*!

Der große Ordnungsfaktor über diesen unendlich weitergesponnenen Faden ist die Zeit. Zeit als Echtzeit, die auch eine große und bislang zu wenig beachtete Rolle in den Erklärungsversuchen Brucknerscher Ästhetik darstellt; musikalische Zeit, die eine andere Vorstellung des subjektiven Empfindens ausmacht; sinfonische Zeit, die die gedachte Relation der Sätze in der Brucknerschen Arbeit gegenüber jener von Komponisten ähnlicher Sujets ausmacht.

Bruckners Themen sind als Träger dieser Zeitkonstante entworfen, aus einem harmonischen Klangentstehungs-System heraus erklärbar, das seinerseits die Fragen nach dem Werden von Musik stellt. Sie sind gar nicht auf die dialektische Verwertbarkeit ausgerichtet wie die Themen der Klassiker oder des Johannes Brahms, sondern formulierte Ecksteine von Musik-Denkprozessen. Sie sind auf die Möglichkeit des Verbrauchs der langen Zeit, die uns zumindest subjektiv so erscheint, konzipiert, die als eine Art ‚Zeitlandschaft' sich versteht, in der die einzelnen Ideen relativ ungebrochen nebeneinanderstehen und gar nicht auf Zerstörung ihrer selbst aus sind. Deswegen braucht Bruckner auch immer ein Substanzthema, aus dem er dann erst im Verlauf der einzelnen Sätze die Themensubstanz entwikkeln kann, eine Art Grundstruktur, die in ihrer Variabilität im Laufe der Zeit ihre unzähligen Darstellungsflächen anbieten kann. Die Darstellung dieser thematischen Elemente erfolgt im Hinblick auf Dimensionen, von denen auch Bruckner selbst spricht und die er, wie im nicht ausgeführten Finale der Neunten Sinfonie mit Zahlen niedergeschrieben, auch glaubt.

Diese Dimensionen sind musikalische Räume, ähnlich architektonischen, die quasi als eine Art Naturgegebenheit existieren, wo der Ton als Wunder, das Gebilde als sich daraus ergebende Formation, die Form als Darstellung der Gebilde und der Satz als Teil der Welt, die Sinfonie als Metaphorik des Ganzen sich etablieren.

Bruckner – die reine Musik

Wahrscheinlich hat es mit dieser Dimension der Zeit und der Vorstellung der Musik als philosophische Dimension Bruckners zu tun, was in der Literatur mit dem Terminus „rein“ angesprochen wird. Und wahrscheinlich hat dies auch mit der zunehmenden Beliebtheit Bruckners zu tun. Denn gerade in einer Welt, die akustisch so präformiert ist, daß Theoretiker bereits von einer akustischen Umweltverschmutzung sprechen, eine Welt, die die Pluralität jedweden Musikdenkens im Sinn demokratischer Gleichwertigkeit denkt und nichtsdestoweniger in ihrem

Alltag doch fast vollständig von einer Glocke einfacher Vernutzungsmusik, also Unterhaltungsmusik, geprägt ist, gerade in einer solchen Welt entsteht die Sehnsucht nach Hochwertigkeit, von sich abhebender, klar unterschiedener und ihre Werte an sich besitzender Musik.

Bruckners Musik hat tatsächlich keine anderen Werte. Sie verherrlicht, zumindest in den Sinfonie, keine nachvollziehbaren Geschichten, obwohl sie zweifellos solche erzählt; sie ist nicht einer literarisch fixierbaren Form unterworfen; sie redet nicht von etwas anderem, ja nicht einmal streng genommen von einer außermusikalischen Ideologie; sie ist also keine theologische Manifestation, keine Messe ohne Text, sie ist nur sie selbst. Musik ist in der Brucknerschen Sinfonie nur gegenwärtig in ihrem augenblicklichen Entstehen, sie entwirft sich selbst im Augenblick, verändert sich in diesem und endet mit dem letzten Ton. Deswegen ist sie so schwierig zu behalten, gar nicht nachsingbar wie klassische Modelle, auch nicht von jener Diskurslogik, die man sonst gewöhnt ist; sie ist im Augenblick die Manifestation des Augenblicks.

Dieses pure So-sein, dieses Nicht-übertragen-können auf ein anderes Sujet, dieses Konzentriert-sein auf den Moment des Erklingens und eine Erinnerung an das Vergangene oder Zukünftige nur in Form des Ausstiegs zu erzwingen, das ist Bruckners Eigenart. Natürlich freut man sich, wenn man die vertrauten Kategorien der Orientierung einer Sinfonie wiederfindet. Das kann die Teile eines Sonatensatzes betreffen wie Einleitung, Exposition, Überleitung oder Durchführungsabschnitte. Es kann die Erinnerungen an Liedformen bedeuten, wo der Teil A von einem Teil B, einem Teil C gefolgt wird, oder auch nur

Abspaltungen desselben. Realiter sind diese Ansatzpunkte aber unnötig für das spontane Verstehen der Brucknerschen Musik, weil sie sich in jedem Augenblick verständlich macht und dieses augenblickliche Einsinken auch durchsetzt, gerade gegen die formalen Verzwicktheiten, die deswegen in der Literatur zu unterschiedlichen Beschreibungen Anlaß gaben.

Bruckners Musik kennt auch keine Leitfäden. Man kann sich nicht durch sie hindurchbewegen, indem man von einem Haltegriff zum anderen turnt (wie bei den Leitmotiven Richard Wagners), ja nicht einmal, indem man auf tonale oder harmonische Fixpunkte wartet, was einem die klassische Sinfonie so nahelegt. Man kann nur unmittelbar im Moment ihres Entstehens dabei sein und mit großem Erstaunen die Weite ihrer Sichtweisen wahrnehmen.

Bruckner – Natur-Kunst integriert

Gerade eine Gesellschaft, deren natürliche Lebensgrundlagen gefährdet zu sein scheinen und die sich aus einer verblendeten Herrschaftsideologie zur Totalität der Eingriffnahme in die Systeme des Lebens versteht, hat mit ihren sensibelsten Faktoren die Bedeutung der Natur neu erkannt. Es ist schon denkbar, daß dieses Gefühl für Natur als lebenserhaltendes Prinzip auch die Akzeptanz Brucknerscher Sinfonik befördert. Denn Bruckner hat zweifellos – ganz ähnlich wie andere Komponisten – die Natur zu einem Thema der Sinfonie gemacht, allerdings in mehrfacher Hinsicht. Er hat, wie Beethoven vor ihm oder Mahler nach ihm, natureigene Themen, den Vogelruf beispielsweise, collagiert. Er hat aber auch, und darin unterscheidet er sich von seinen Komponistenkollegen, Prinzipien der Natur als solche unmißverständlich in die Sinfonie eingebaut, ja darüber hinaus sie möglicherweise nach diesen Prinzipien ausgerichtet. Denn die Frage des Werdens, die bei Bruckner zweifellos mit der eigenen Klangerfahrung und mit der Religionserfahrung zusammenhängt, ist auch eine zentrale Erfahrung der Natur.

Der Begriff des Atems, der auch eine Metapher für die Spannungsverhältnisse musikalischer Strukturen darstellen kann, in der vokalgebundenen Musik immer darstellt und von ihr aus von vielen Komponisten auch unmittelbar in die nichtvokale Musik übertragen wurde, ist auch für Bruckner ein zentrales Thema.

Der Begriff der Welle als Formation der Entwicklung, der Terminus der Steigerung, des Ein- und Ausschwingens, der Nachhallzeit aller akustischen Phänomene, die Bruckner aus seiner Orgelpraxis als Raumerlebnis kannte, sind Bestandteile seines sinfonischen Denkens geworden und wurden darüber hinaus wahrscheinlich infolge der langen Beschäftigung noch schärfer artikuliert.

Der Begriff des Lebens als existentielle Dimension zwischen Werden und Vergehen und die Vorstellung seines Verlaufs in wellenartigen Abschnitten, mit Höhen und Tiefen, die biorhythmisch ebenso wahrscheinlich sind wie psychisch und physiologisch, sind heute ein zentraler Aspekt unseres Naturverständnisses.

Diesen Aspekt mit der Beherrschung des Handwerks musikalischer Gestaltung, mit den Finessen musikalischen Denkens, dem Können, der Beherrschung musikalischer Ausdrucksweisen zu korrelieren, stellt zweifellos einen Reiz dar, dem, wenn man ihn einmal als solchen erkannt hat, volle Attraktivität zukommt.

Bruckner: Erbe der Klassik – Künder der Moderne

Das 20. Jahrhundert und die ihm eigene Kunst hat viel Irritation gestiftet. Die „Gleichzeitigkeit des Ungleichzeitigen", die demokratisch aussehende Pluralität, die koexistierenden Widersprüche, das gespeicherte Wissen um die Vergangenheit, die Transmission des gesamten Weltgeschehens, die Hypertrophie an Quantität und Vielfalt, die am Ende des 20. Jahrhunderts unseren Alltag prägen, machen uns das Begreifen von Kunst schwer. Es funktionieren weder die gesellschaftlichen Normen noch die adäquaten Ausbildungssysteme, es gibt nicht einmal mehr die Langsamkeit des Zeitverlaufs, die einen während eines ganzen Lebens einer einzigen Kunstrichtung zugewandt sein ließe. Die gesellschaftliche Notwendigkeit in der Gestaltung der Welt scheint abhanden gekommen zu sein, die Ausrichtung auf Kunst als Lebenskonstitutivum ist nur wenigen bewußt. Es sieht so aus, als würde, auch wenn dies von vielen beklagt, von vielen unscharf artikuliert wird, die Rolle der Kunst in unserer Gesellschaft eine höchst zurückgedrängte, auf Minderheiten reflektierende sein.

Und dann ein steigendes Interesse für Bruckner? Neben aller Argumentation, die möglich scheint, könnte auch eine Rolle spielen, daß die Position Bruckners als Bindeglied zwischen Klassik und Moderne neu definiert werden muß.

War bislang Brahms immer als Katalysator zwischen Beethoven und Schönberg angesehen worden, was auch auf die verbale Autorität Schönbergs zurückzuführen sein könnte, so stellt sich im verlaufenden 20. Jahrhundert immer mehr heraus, daß Bruckner Problemstellungen aufgriff, die nach dem Entstehen der Wiener Schule, also mehr oder weniger in der zweiten Hälfte des 20. Jahrhunderts entscheidende Fragen provozierten.

Bruckners Materialitätsbewußtsein, das von allen musikalischen Parametern und nicht nur der Gestalt definiert werden kann, entspricht in vielem unserem gegenwärtigen Reflexionsstandard.

Der Begriff des musikalischen Raumes, der im 20. Jahrhundert eine so große Rolle spielt, ist bei ihm vorformuliert.

Der Begriff der Einfachheit als Ausdrucksform der Komplexität kann bei ihm nachgewiesen werden.

Die Klangforschung als zentrales Thema ist auch bei ihm aufgehoben.

Die Parataxe, die Sprachformulierung, auch ein weites Feld der Gegenwart, ist demonstriert.

Die Grenzgehung, die Modulkonstruktion, die Flächenverschiebung, das ostinate Bestehen auf Wiederholungsmodellen, das Naturverhältnis und das Streifen an die Metaphysik sind Themen, die uns auch heute bewegen.

Und vor allem ist es auch der Zeitverlauf. Zeit, jenes immer stärker in das Blickfeld gegenwärtiger Komponisten rückende Phänomen, Zeit als Definitionsterminus von Musik an sich, ist bei Bruckner in jenem Reflexionsfeld angegangen worden, das unsere Gegenwart auch heute noch prägt.

Andererseits, und dies ist nicht zu leugnen, hat Bruckner auch das Erbe der Wiener Klassik angetreten. Wie wir an seinem vorsinfonischen Werk sehen, geschah das nahezu wörtlich, indem er sich Punkt für Punkt und Satz für Satz die Methodik und die Lehre der Wiener Klassik zu eigen machte, am Werk durch Wiederholung und Transformation lernte und immer wieder an den klassischen Dispositionen seine metrischen Studien, die für sein Werk so bedeutend wurden, versuchte. Bruckner ist nicht über die Sinfonie als klassische Vorformulierung formal hinausgegangen, wenn auch in ihrer Inhaltlichkeit.

Bruckner ist im wesentlichen beim klassischen Orchester geblieben, nur sporadisch ausgeweitet zwecks expressivischer Klangfarbenerzeugung, aber von der Grunddisposition des gewohnten Orchesterapparats ausgehend. Bruckner hat nicht die ehernen Gesetze der klassischen Musik verlassen, sondern sie für sein eigenes Vermögen transformiert, umgedeutet, ohne in eklatante Widersprüche zu geraten. Bruckner hat die Gesetze der Ausgewogenheit, letztlich jener großen Harmonie, beachtet – wenn auch im Überdimensionalen – und nicht die Einheit zerstört. Er ist selbst bei der Themensubstanz der Satzfolgen geblieben und bei der schon bekannten Abfolge der Sätze. Und trotzdem konnte er dieses Modell, das infolge seiner Wirksamkeit als ein spezifisch menschenadäquates verstanden werden könnte, mit all jenen Überlegungen anreichern, die unsere heutige Problemstellung bilden.

Die Größe dieses Phänomens, das man lerntheoretisch sich gar nicht vorstellen kann und das gerade in Kenntnis der Brucknerschen Sozialisation als großes Geheimnis einer hochkreativen Persönlichkeit erscheint, ist nur begreifbar, wenn man auf die Substanz der Musik, und nur auf sie, sich bezieht. Es scheint ein wohlberechtigtes Signal trotz aller wohlberechtigter Zweifel, daß diese Art von Substanz, von immer mehr Menschen an immer mehr Aufführungsorten und von immer mehr Interpreten dargeboten, immer häufiger wahrgenommen werden will.

Bruckners Lernfelder: Familie – Schule – Leben

Am 4. September 1824 wurde dem seit knapp einem Jahr verheirateten Ehepaar Anton und Theresia Bruckner als erstes von zwölf Kindern der spätere Komponist Joseph Anton Bruckner geboren.

Sein Vater war Lehrer wie auch schon sein Großvater. Die Familie des Vaters war aber erst seit einer Generation im kleinen oberösterreichischen Dorf Ansfelden bei Linz ansässig. Jahrhunderte vorher war der Familiensitz ein Vierkanthof in der Nähe von Markt Oed in Niederösterreich gewesen. Die dort vermutlich seit 1300, aber mit Sicherheit erst seit 1500 nachgewiesenen Inhaber waren Bauern.

Die Landschaft ist ein altes Siedlungsgebiet, weil die Böden fruchtbar sind und die hügelige Formation strategisch günstige Besiedlungen erlaubt. So sind denn auch die meisten Höfe Vierkanthöfe, kleine, hermetisch nach außen abgeschlossene Einheiten, die vereinzelt mitten auf dem eigenen Grund stehen und das Selbstverständnis ihrer Bewohner demonstrieren. Die Bauern dieser Gegend sind nicht reich im ökonomischen Sinn, aber autark gewesen, Herren eines kleinen Familienstabes, der es oft durchaus auf zehn Mitglieder und mehr brachte, mit wenigen Dienstboten, die allerdings nicht wie anderswo nur saisonmäßig angestellt waren, sondern mehr oder weniger zur

Familie zählten. Jeder dieser Höfe trägt einen eigenen Namen, was die Identifikation des „Pruckenhofes", die allerdings erst 1933 gelang, leichter machte.

Der Urgroßvater des Komponisten, Joseph Bruckner (1716-1775), stieg durch die Verheiratung mit Maria Theresia Berger, der Tochter eines reichen Bürgers und Mühlsteinbrechers aus dem Markt Perg an der Donau, die sozialen Stufen hinauf. Er wurde Hausbesitzer, Bürger und schließlich Gastwirt.

Sein Sohn Joseph (1749-1831) war Binder gewesen, ein heute noch in kleinen Orten Österreichs zu findender Berufszweig, der sich auf das Binden von Bedarfsprodukten wie Besen, Ruten, Fässer usw. spezialisiert hatte. Er ließ sich 1765, also praktisch mit der Einführung der Schulpflicht in Österreich, zum Lehrer umschulen, was damals kein Problem war, weil der Kurs für Lehrgehilfen im nahegelegenen Linz nur zehn Wochen dauerte. Als zehnte Dienststelle erreichte er 1776 Ansfelden und vermählte sich dort mit der Tochter seines verstorbenen Amtsvorgängers, Franziska Kletzer.

Aus dieser Ehe stammten zwölf Kinder, und davon wandte sich der 1791 geborene Sohn Anton (Vater des Komponisten) ebenfalls dem Lehrberuf zu. Er assistierte seinem Vater als Schulgehilfe und folgte ihm nach dessen Pensionierung im Amt.

1823 hatte er diese wichtige Funktion erreicht, sich damit die Chance für die Gründung einer Familie geschaffen, die er auch sofort ergriff. Er scheint mit mehreren Frauen diesbezüglich im Gespräch gewesen zu sein, erhielt das Jawort schließlich von Theresia Helm, der Tochter des Amtsverwalters Johann Ferdinand Helm aus Neuzeug bei Steyr.

Theresia Helms Vorfahren waren in Sierning und Sierninghofen ansässig, zwei kleinen, nahe der Grenze des niederösterreichischen Mostviertels gelegenen Orten bei Steyr. Außerdem gibt es einen Zweig von Hammerschmiedmeistern aus dem Ispertal, das von Amstetten ca. 20 Kilometer Richtung Nordosten liegt. Dies bedeutet, daß die gesamte Familienstruktur der Bruckners sowohl väterlicher- wie mütterlicherseits aus einer Kulturlandschaft kommt, die zu den ältesten Österreichs zählt und durch die Klöster St. Florian, das von Augustiner Chorherren geführt wird, und Seitenstetten, dem Benediktiner vorstehen, bestimmt wird.

Bruckner wird also in eine Welt hineingeboren, die zwar nicht reich aussieht, die aber eine jahrhundertelange Tradition, einen festen, mit Gewalt verteidigten Glauben und ein daraus erwachsendes Selbstbewußtsein kennt. Es spricht für diese Ausgewogenheit von Geist und Kapital, daß die Mutter Bruckners, die aus heutiger Sicht einem relativ reichen Hause entstammte, nämlich dem eines herrschaftlichen Amtswalters und Pensionswirtes, sich ohne Probleme mit dem in der Regel armen, aber bildungsmäßiges Sozialprestige besitzenden Lehrer vermählen konnte. Die Ehe verlief planmäßig, denn das erste Kind war knapp nach der Heirat unterwegs, und elf weitere sollten folgen, von denen allerdings nur wenige überlebten.

Bruckner wurde also in einen geordneten Lehrerhaushalt hineingeboren, mit einer zweifellos eine reichere Umgebung kennenden Mutter und einem Vater, der, wie es so üblich war, nicht nur seine Lehreraufgaben versah, sondern auch als Kirchenmusiker des Dorfes und Musikmeister für weltliche Angelegenheiten zuständig war. Diese

Koppelung bedeutete die Konzentration alles musikalischen Wissens auf eine Person, damit aber auch eine verlangte Pluralität, die vom Präludium auf der Orgel bis hin zum Zwiefachen im Tanzsaal, vom Nationallied in der Schule bis zum Begräbnisquartett reichte. Bruckners Gesamtwerk spiegelt, auch wenn vieles davon heute unbekannt ist, diese Pluralität exakt wider.

Daß Bruckners Vater als Musiker auf der Höhe der Zeit war, ist auch dadurch belegt, daß er ab 1824 Mitglied der Gesellschaft der Musikfreunde in Linz war und damit auch alles Neue, das in den Metropolen ausgekocht wurde, erfuhr. Außerdem unterstand er wie die umliegenden Lehrer dem strengen Reglement der Schulaufsicht von St. Florian, das auf die musikalische Präsentation hohen Wert legte und insbesondere die Kirchenmusik als aktiven Teil der Religionsausübung verstand.

Das Haus, in dem der kleine, runde Knabe mit der überdimensionalen typischen Nase geboren wurde, war das 1711 errichtete Schulhaus, an der Ostseite der Kirche gelegen und mit einer zweiklassigen Grundschule und der kleinen Lehrerwohnung ausgestattet. Das heißt, Schulbetrieb und Privatleben des Lehrers gingen ineinander über, was sich in der Regel positiv auf die Lehrerkinder auswirkte; das heißt auch ein offenes Haus, weil man die Fluktuation der Klientel gewohnt war, und das heißt – für uns heute gar nicht vorstellbar – immer viele Leute auf zu kleinem Raum. Die direkte Lage neben der Kirche bedeutete auch Offenheit in diese Richtung. Die Kirchenbesucher sind gern gesehene Gäste, und ein Großteil der Kirchenordnung ist tatsächlich vom Lehrer abhängig, weil er in Kooperation mit dem Pfarrer für die musikalische Gestaltung sorgt, die Proben einteilt, selbst seine eigenen Übungsstunden ansetzt.

Schule und Kirche von damals sind mit heutigen Erfahrungen nicht mehr vergleichbar. Auch wenn die schriftlichen Zeugnisse ausschließlich von autoritativen Quellen dominiert sind, ist die Praxis eine andere. Selbstverständlich muß man sich in der Zeiteinteilung nach den größtenteils aus dem Bauernstand kommenden Kindern richten, ihnen, sofern zu Hause Not am Mann ist, freigeben, für fehlende Leistungen, gleich aus welchen Gründen, Verständnis haben. Selbstverständlich wird jedweder Unterrichtsgegenstand weitgehend am Beispiel der Natur demonstriert, weil sie ja das große Lernfeld ist, mit dem die Kinder tagtäglich und überall zu tun haben. Selbstverständlich wird der Aufgabenbereich nahezu ausschließlich im Rahmen der Schulzeit abgedeckt, weil zu Hause dafür keine Zeit bleibt und die Eltern ohnehin nicht helfend beispringen könnten. Und: der Lehrplan beschränkt sich hauptsächlich auf praktische, das Leben vorbereitende und unterstützende Gegenstände, weniger auf Abstraktion.

Eine große Rolle spielt der Gegenstand Religion, aber nicht nur als Diskussionsbasis in der Schule, sondern vermischt mit der Praxis des Kirchenbesuchs, der Gottesdienstübung, allen Arten funktionaler Betreuung. Andererseits bringt der Pfarrer in seinem Lehramt, mit Bibelsprache, Exegese, Verhaltenskanon und Sittenkodex hochschriftlich ausgestattet wie der Lehrer, Erzählformen, Grammatik, ja sogar naturwissenschaftliche Erkenntnisse ein. Dies gilt nebenbei bemerkt nicht nur für die Kinder, sondern auch für die Erwachsenenwelt, die wegen der hohen Anzahl der kirchlichen Feiertage (ca. 150 im Jahr!) sehr häufig den Gottesdienst besucht.

Die Welt der Kinder und der Erwachsenen ist überhaupt nicht voneinander getrennt: Sie nehmen an den Feierlichkeiten ebenso teil wie an der Arbeit. Diese beginnt früh am Morgen (im Sommer nicht selten um 4 Uhr) mit dem Schneiden von Grünfutter für das Vieh. Die Mahlzeiten werden gemeinsam eingenommen: das Frühstück zum ersten Angelusläuten um 6 Uhr, eine vormittägliche „Jause", das Mittagessen zum Angelusläuten um 12 Uhr, nachmittags wieder eine „Jause" und schließlich das Abendessen nach dem Angelusläuten um 18 Uhr.

Die Zeiteinteilung wird also vom dreimaligen Angelusläuten im Abstand von sechs Stunden bestimmt, eine vernünftige und kommunikative Konvention, die von den Buben des Dorfes ausgeführt wird. Die Kinder arbeiten gemeinsam mit den Erwachsenen, was auch gemeinsames Erleben bedeutet, und werden deswegen auch nicht von den Ruhestunden und den gemeinsamen Feiern ausgeschlossen.

Im Lehrerhaushalt bedeutet diese Gemeinsamkeit zweierlei: den musikalischen Dienst in der Kirche und den Dienst als eine Art Lehrergehilfe, dem das Heranschaffen von Lehrobjekten im Unterricht genügt. Der kleine Bruckner lernt früh durch die Tätigkeit mit seinem Vater nicht nur Orgel- und Klavierspiel, sondern auch Grundkenntnisse in Geige, Klarinette, Horn und – eine Ausnahme in einem so kleinen Dorf – durch das Engagement von zwei Trompetern und einem Pauker aus Linz anläßlich einer Festmesse nahezu ein gesamtes klassisches Orchester kennen. Die Vokalität obliegt auch der Mutter, weil sie selbstverständlich im Kirchenchor mitsingt, und die Unterhaltungsmusik kommt ebenso nicht zu kurz, weil bei Feiern jeder geschickte Mitwirkende hochwillkommen ist.

Bruckner ist kein Wunderkind wie Mozart beispielsweise, er besitzt weder dessen Begabungen noch ist er so ausschließlich von Musik umgeben, wie dies durch die Tätigkeit Leopold Mozarts der Fall war. Und: er besucht schließlich – ganz im Gegensatz zu Mozart – eine Schule, die ihn auch mit anderem als Musik konfrontiert.

Wir wissen nicht, ob es Bruckners eigener Wunsch war oder der seines Vaters, sich nach einer besseren musikalischen Ausbildung umzusehen, als ihm daheim geboten werden konnte. Jedenfalls wurde der elfjährige Knabe zu seinem Firmpaten Johann Baptist Weiß geschickt, dem Schullehrer und Organisten in dem nahegelegenen Ort Hörsching. Die Zeit von Frühjahr 1835 bis Dezember 1836 lebt Bruckner dort und lernt eine neue Qualitätsstufe kennen. Weiß ist ein guter Organist, er komponierte selbst ein Requiem und wagte sich an schwierige Programme wie die *Große Fugenmesse* in c-Moll KV 427 von Mozart oder Haydns *Die sieben letzten Worte des Erlösers am Kreuz* oder die Oratorien *Die Schöpfung* und *Die Jahreszeiten*.

Möglicherweise entstehen in dieser Zeit die ersten Kompositionen Bruckners: ein *Pange lingua* in C-Dur (WAB 31) für vierstimmigen gemischten Chor a capella und die Skizze zu einem *Domine ad adjuvandum me festina* (WAB 136). Beides sind übliche Gelegenheitskompositionen. Ganz sicher von der Hand Bruckners sind die fünf Präludien in Es-Dur (WAB 127 und 128), die 1837 ebenfalls in Hörsching komponiert wurden. Sie zeigen den Versuch, improvisatorisches Denken in eine Art gesicherter Form zu übertragen.

Am 7. Juni 1837 stirbt im 46. Lebensjahre der Vater Anton Bruckners. Auch wenn manche seiner Vorfahren weit älter wurden (zum Teil über 80 Jahre), entspricht dies der völlig normalen Lebenserwartung, bringt aber dennoch soziale Probleme für die Familie. Nur so ist erklärbar, daß die Mutter Bruckners noch am Todestage des Vaters mit ihrem Ältesten zum Prälaten des Augustiner-Chorherrenstiftes St. Florian gegangen sein soll, um ihm nicht nur eine solide Ausbildung, sondern zweifellos auch eine andere Lebensstätte als zu Hause zu verschaffen.

Die Schule

Waren bis 1837 Schule und Familie noch so ein durchmischtes Feld gewesen, daß wir keine spezifischen Ausbildungsmerkmale an dem jungen Bruckner feststellen können, ändert sich dies schlagartig mit dem Aufenthalt in St. Florian. Das Stift ist nicht nur ein kultureller Mittelpunkt, sondern auch eine strenge, solide schulische Institution. Hier wird er zum ersten Mal mit einem Modell konfrontiert, das er so weit internalisiert, es zeitlebens in seinem Briefwechsel zu verwenden. Es geht um eine Art Formelsprache, die, aus kleinen Strukturen begonnen, durch Anreicherung immer stärker wächst und für viele Situationen ein brauchbares Repertoire entwickelt, das bei Notwendigkeit nur aus der Schublade gezogen werden muß und, kommunikativ erprobt, seine Wirkung tut. Der Nachteil einer formalistischen verbalen Äußerung, die deswegen auch ein wenig klischeeverdächtig ist, wird durch dessen Vorteile kompensiert: die Bequemlichkeit, bei entsprechenden Anliegen sofort ein Repertoire dafür vorgesehener Wendungen zur Verfügung zu haben und den Schutz, weder der eigenen noch der Reaktion auf fremde Emotionalität zu verfallen. Es ist ganz typisch für Bruckners Briefe bis ins hohe Alter hinein, daß emotionale Regungen nicht innerhalb der Sprache, sondern der Satzzeichen (!) ausgetragen werden.

So sehr das Konzept dieser Lehre autoritätsbezogen war und durch die Formalisierung der freien Entfaltung durchaus Grenzen gesetzt waren, so wirkungsvoll muß sie dem jungen Schüler erschienen sein, weil er geradezu mit Begeisterung in handschriftlichen Ausarbeitungen den Standardsätzen immer neue Strukturteile hinzufügt. Wahrscheinlich waren die Ansprüche und die Arbeitsweise des Firmpaten in Hörsching die richtige Vorbereitung für das neu zu erfahrende System, weil Bruckner von Anfang an erkennen läßt, daß es ihm um das Erreichen von formalen Zielen geht und alle anderen pubertären Aspekte sichtbar hintangestellt sind. Er sucht nicht nur Bestätigung für gute Leistungen, sondern zitiert sie auch, ist stolz darauf, Primus in der letzten Volksschulklasse 1839 zu sein, benutzt als Zeichen dieses Stolzes ein divergierendes Schreibprinzip, indem er ihm wichtige Worte in Latein, der katholischen Kirchensprache, gegenüber der üblichen deutschen Kurrentschrift hervorhebt.

Es ist auch jetzt schon der merkbare Stolz eines Sozialaufsteigers sichtbar, der Schritt für Schritt aus der Anonymität zur höchsten Anerkennung setzen wird.

Eine wichtige Rolle, auch wenn wir darüber quellenmäßig nicht gut unterrichtet sind, spielt Bruckners musikalische Ausbildung, die vor allem mit dem Stiftsorganisten

Anton Kattinger verknüpft ist. Denn mit dem Eintritt der Mutation im Alter von 15 Jahren (damals – im Gegensatz zu heute – durchaus die Regel) wird Bruckner dem Kirchenchor als Geiger zugeteilt (was für eine gute Beherrschung dieses Handwerks spricht), vor allem aber soll er dem Stiftsorganisten Anton Kattinger als Assistent zur Hand gehen, wodurch ihm – allerdings nicht täglich – die Begegnung mit der „ersten" Orgel Österreichs gesichert ist. Dieses Orgelwerk, das auch als das größte Österreichs galt, war unter Abt Matthäus Gogl durch den krainischen Priester und weltberühmten Orgelbauer Franz X. Chrismann zwischen 1770 und 1777 erbaut worden. Es war gerade zu den Zeiten des Brucknerschen Aufenthaltes im Stift durch den Klosterneuburger Orgelbauer Johann Georg Fischer 1837 verbessert und neu ausgestattet worden und besaß damals 74 Register mit 5.230 Pfeifen.

Heute zählt die Orgel 103 Register mit 7.343 Pfeifen. Auch wenn Bruckner gewöhnlich auf der Sonntagsorgel des Stiftes spielt (ein kleineres Orgelwerk, das sich im seitlichen Altarschiff befindet), hört er, was Kattinger auf diesem Rieseninstrumentarium vermag, und kann sie auch selbst erproben.

Das gesamte akustische Verständnis Anton Bruckners ist von dieser Tatsache geprägt worden, die ihn in ihrer technischen Problematik nie mehr losließ und viele Aspekte seines sinfonischen Schaffens entscheidend prägte. Hier wird sichtbar, daß das passive Hörerlebnis, noch dazu, wenn es mit einer aktiven Hörerlebnisgestaltung korreliert werden kann, reale Veränderungen nicht nur im musikalischen Hören auslöst, sondern auch in der Gestaltung von Musik überhaupt.

Bruckner entscheidet sich nach Abschluß der Volksschule für eine Ausbildung als Lehrer. Wir wissen nicht, ob das mit seinem Bedürfnis nach pekuniärer Sicherheit zu tun hatte, ob es ein Herzenswunsch von ihm war, Kinder zu unterrichten, oder ob die Konvention der Familientradition (immerhin die 3. Generation) siegte. Von seinem späteren Leben her gesehen, ist es zweifellos eine richtige Entscheidung, einen kleinen Schritt auf der Treppe des sozialen Aufstiegs weiterzugehen, der die nächsten kleineren Schritte leichter ermöglichen sollte.

Jedenfalls kommt er im Winter 1840 im Alter von 16 Jahren an die k. k. Hauptschule nach Linz, um dort den sogenannten „Präparandenkurs" zu besuchen. In ihm wurden die Lehramtskandidaten für die „Trivialschulen", wie die damaligen Volksschulen benannt waren, ausgebildet. Bruckner besuchte den Kurs, an dem nach einer strengen Aufnahmeprüfung 37 Schüler teilnahmen, zehn Monate lang. Die Hauptfächer waren Religion, Lesen, Schreiben, Rechnen, Sprachlehre und Geographie. Sein Musiklehrer ist Johann August Dürrnberger, dessen Harmonie- und Generalbaßlehre Bruckner später als Konservatoriumsprofessor verwendet hat und der auch der Organist in jener Minoritenkirche in Linz ist, die den Teilnehmern des Präparandenkurses als Übungsstätte zur Verfügung steht.

Auch in Linz hört Bruckner eine „Chrismann"-Orgel mit ihrem spezifischen Hörerlebnis. Bachs *Kunst der Fuge* und eine Anzahl Fugen von Johann Georg Albrechtsberger vermitteln ihm die hohe Schule des Kontrapunkts, außerdem wurde er zum ersten Mal mit weltlicher Musik höheren Standards konfrontiert, nämlich Beethovens Vierter

Sinfonie. Ins Theater durften die Kandidaten allerdings – vermutlich aus moralischen Gründen – nicht.

Bruckner erhält nach Abschluß des Kurses zwei Zeugnisse. Der „Stud. mus.“(wie er sich auf seinen Büchern nannte) wurde sehr gut beurteilt, allerdings fällt ein „Gut“ in dem „praktischen Theile und im Orgelspiele“ auf. War es Dürrnbergers strenge Hand, oder beugte sich Bruckner nicht den Gesetzen? Für die „profaneren Fächer“ erhielt Bruckner ebenfalls ein Zeugnis, das ihm den sofortigen Eintritt in die Berufspraxis ermöglichte. Dabei fällt der Faktor „Schreiben“ auf, der sich in *Deutsche Currentschrift*, in *Lateinische Schrift*, in *Canzelleyschrift*, in *Rechtschreiben*, *Schönschreiben*, *Dictando-Schreiben* und *Die deutsche Sprachlehre* differenziert.

Damit war Bruckners Schulausbildung erledigt, und er konnte seinen Beruf als Lehrer (zuerst „Gehülfe“ an Trivialschulen) antreten.

Leben

Das zentrale Stichwort jeder vernünftigen Bildungspolitik heute heißt: lebenslanges Lernen. Es ist ein Phänomen und spricht möglicherweise für Bruckners Wissen um seine Begabung, daß er sich dieses Motto zur Richtschnur setzte und über den weitaus größeren Teil seines Lebens auch durch Bestätigungen und Zeugnisse abdeckte. Es begann mit dem „Gehülfen“ und endete mit der Enthebung vom Dienste als Organist am 24. Oktober 1892.

Die Bezeichnung „Gehülfe“ ist nicht die Stufe einer

1 Bruckners Harmonium

2 Das Schulzimmer im Geburtshaus zu Ansfelden

3 Anton Bruckner
1868

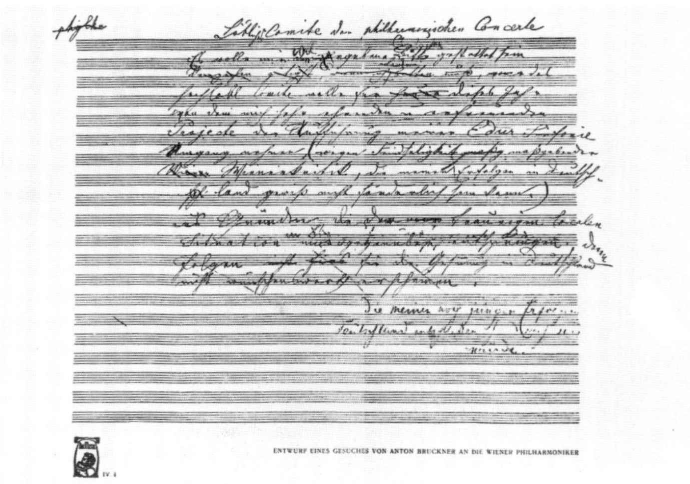

4 Entwurf eines Gesuches an die Wiener Philharmoniker

5 Richard Wagner reicht Anton Bruckner seine Schnupftabakdose

6 Anton Bruckner und Johannes Brahms

7 Anton Bruckner, Radierung eines unbekannten Künstlers

8 Anton Bruckner und die Kritiker Eduard Hanslick,
Max Kalbeck und Richard Heuberger

9 Anton Bruckner, Ölgemälde von Franz Antoine

10 Anton
Bruckner
1890

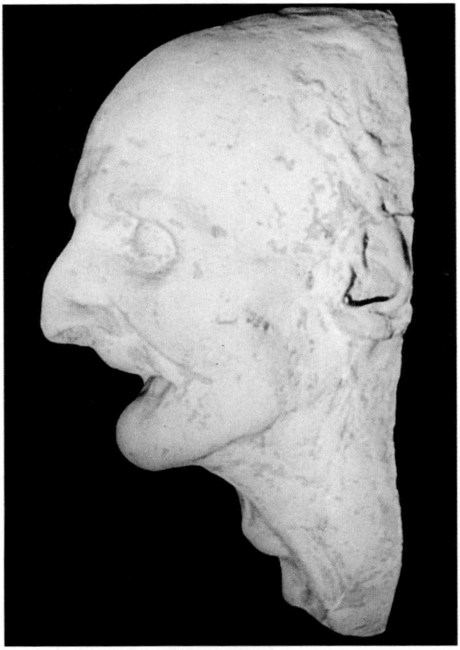

11 Bruckners Totenmaske

niedrigeren Lehrerhierarchie, sondern bedeutet, daß vor Erreichen der selbständigen Lehrbefähigung eine Art pädagogisches Praktikum geleistet werden mußte, in der Regel durch mehrere Jahre hindurch an der Seite eines erfahrenen Lehrers. Die Ausbildung setzte an einem möglichst kleinen Ort an (Bruckner begann in Windhaag, einem Dorf mit 200 Einwohnern) und schraubte dann die Größe immer höher – Bruckner kam dann nach Kronstorf und schließlich nach St. Florian. Das bedeutete nicht nur entsprechend mehr Geld, sondern vor allem auch, den Umgang mit dem wechselnden sozialen Feld zu (er)lernen. Windhaag mit seinen 50 Schülern bietet ihm nicht nur seine erste größere Liebe, Maria Jobst – für die er die *Windhaager Messe* (WAB 25) schreibt –, sondern vor allem die Möglichkeit, besonders oft zum Tanz aufzuspielen, wodurch sein Geigenspiel perfektioniert wird. Kronstorf bedeutete Ausnützung des Dreiecks Enns–Steyr–St. Florian. In Enns besucht Bruckner dreimal wöchentlich den Organisten und Chorleiter Leopold Edler von Zenetti, der ihn mit Cembalo- und Orgelkompositionen Johann Sebastian Bachs bekanntmacht. St. Florian bietet ihm die Begegnung mit dem Männerchorspezialisten Hans Schläger, dem späteren Chormeister des Wiener Männergesangsvereins und Domkapellmeister in Salzburg. Und in Steyr lernte Bruckner die dritte „Chrismann"-Orgel kennen und begegnet Karolina Eberstaller, der Tochter eines französischen Generals, mit der Schubert noch vierhändig Klavier gespielt hat.

Resultat dieser neuen Informationsschübe sind zwei Messen (WAB 146 und 140), ein paar geistliche Chöre (WAB 21, 31 und 32) und auch zum ersten Mal weltliche

Vertonungen: der vierstimmige à capella-Männerchor *An dem Feste* (WAB 59) zum Beispiel, den Bruckner zweimal neu textieren läßt. Die 1. Fassung war für den Geburtstag des Stadtpfarrers von Enns am 9. September 1843 geschrieben, wurde später neutralisiert zu einem *Festlied* umgedichtet (WAB 67) und von Bruckners eigener Hand für den Wiener Akademischen Gesangsverein 1893 neu bearbeitet, wobei die textliche Änderung von ausgehendem Biedermeier und emotionalisiertem Nationalismus unübersehbar wird.

St. Florian bietet ihm nicht nur die gleiche Lehrstätte, in der er als Schüler unterrichtet worden war, sondern wieder einmal die Liebe: diesmal zur sechzehnjährigen Tochter des Schullehrers Michael Bogner, für die er die *Lancier-Quadrille* für Klavier zu vier Händen (WAB 120) und das *Frühlingslied* (WAB 68) verfaßte. In St. Florian kann er endlich größere Werke schreiben, die eindeutig die Spuren ihrer Vorbilder tragen. Das geistliche Lied *Entsagen* (WAB 14) bezieht sich auf den evangelischen Choral, der *Steiermärker* (WAB 122) kokettiert mit der Volksmusik, die c-Moll-Charakteristik der Wiener Klassik findet sich im Vorspiel und Fuge für Orgel (WAB 131), die Blechbläserbehandlung à la Beethoven im Aequale für 3 Posaunen (WAB 114), das Erbe Mozarts im *Requiem* (WAB 39).

Auch die Lehrerkarriere macht Fortschritte. Bruckner unterzieht sich als „Externer" einer Prüfung über Realschulgegenstände, die er 1851 mit sehr gutem Erfolg besteht, und der Prüfung zur Erlangung der Qualifikation für Hauptschulen, die er ebenfalls in allen Fächern mit „Sehr gut" abschließt. Den Abtwechsel auf Grund des Todes von Michael Arneth und der „Infulierung" des neuen Abtes Friedrich Theofilus Mayer honoriert er mit einer Missa solemnis in B-Dur für Soli, Chor und großes Orchester im Sinn der Wiener Klassiker. Haydn ist sozusagen der Vater der Dramaturgie, deutlich spürbar im *Gloria*. Das *Et incarnatus est* hat Anklänge an das *Recordare* des Mozart-Requiems, das *Sanctus* erinnert an Schubertsche Harmoniewendungen, das *Agnus Dei* bringt wieder die Rückbesinnung auf Haydn.

Bruckner lernt in zwei getrennten Szenen: einerseits für die Lehrerkarriere, andererseits – deutlich hörbar am Beispiel der Tradition – für die Komponistenlaufbahn. Doch damit nicht genug: ab Juli 1855 besucht er zum Zweck strenger Studien den Harmonielehrepapst Simon Sechter in Wien, dessen Stelle er 13 Jahre später einnehmen sollte. Simon Sechter, der nach dem Tod des Beethoven-Lehrers Albrechtsberger (1809) die erste musiktheoretische Autorität Wiens war und ab 1825 das Amt des ersten Hoforganisten bekleidete, war ab 1851 Professor für Generalbaß und Kontrapunkt am Konservatorium der Gesellschaft der Musikfreunde. Wir wissen auch, daß Franz Schubert knapp vor seinem Tod noch Kontrapunktstunden bei Simon Sechter aufnehmen wollte. Dessen Theorielehre war eine, wenn man so will, konstruktivistische, die auf Jean Philipp Rameaus „Basse fondamentale“ basierte und strenge Regeln vermittelte. Und daß alles Lernen auch als Organist seinen Sinn hatte, wird ihm mit der Verleihung der Domorganistenstelle in Linz am 15. November 1855 nach einem Wettspiel dreier Kandidaten honoriert.

In Linz nimmt er die Stadt mit ihren kulturellen Möglichkeiten wahr, nicht nur die Kirche, die Chöre, sondern auch die weltliche Musik und das Theater, das „Savoir vivre“

der Szene in guten Restaurants, bei häufig frequentierten Bällen, in den für ihn nun offenen Häusern der Gesellschaft. Er begegnet zum ersten Mal der Musik Richard Wagners (1863 *Tannhäuser*) und ihm bei der Uraufführung von *Tristan und Isolde* 1865 in München persönlich.

Und nicht genug: Bruckner will für sein Lehren auch den Beweis. Er sucht um den Titel „Professor der Harmonielehre und des Contrapunktes für Conservatorien" an, wahrscheinlich mit dem Hintergedanken, damit auch in Wien als Hochschullehrer antreten zu können. Als man sich weigert, führt er als Parallelfall seinen eigenen Lehrer Johann August Dürrnberger an, dem der Titel 18 Jahre zuvor nach einem ähnlichen Ansuchen zugestanden worden war.

Und siehe da, es funktioniert. Vermutlich auch, weil Simon Sechter insgesamt vier Zeugnisse zwischen 1858 und 1861 auf Drängen Bruckners ausgestellt hatte. Das erste beschied ihm noch die vollständige Kenntnis der Lehre, das letzte bereits die Fähigkeit, *dieses Studium fortzupflanzen, d.h. selbst Unterricht in diesem Fache mit wahrem Nutzen geben zu können.*

Linz macht Bruckner klar, daß er noch mehr erreichen kann, wenn er nur will, und diesmal nicht als Lehrer in der Provinz, sondern, wenn es nur ginge, an der Universität, als Organist, nicht nur im Linzer Dom, sondern, wenn es nur ginge, in Salzburg oder an der Wiener Hofkapelle und als freischaffender Künstler, und nicht nur für den funktionalen Kontext, sondern auch für das autonome Künstlertum. Die Manifestation dieses Künstlertums war die Sinfonie im Geiste Beethovens – und so geschah es.

Am 14. April 1866 wurde die Erste Sinfonie in der Linzer

Fassung vollendet, die dann 1890/91 zur Wiener Fassung umgearbeitet und bei der Uraufführung am 9. Mai 1868 in Linz unter Bruckners eigener Leitung sehr gut aufgenommen wurde. Bruckner hatte, von heute her gesehen, den Mittelpunkt der Linzer musikalischen Szene erreicht und seinen Namen in Wien bekanntgemacht. Sein letztes Lernziel tat sich auf: Künstler in der Habsburg-Metropole, einer der musikalischen Hauptstädte der damaligen Welt.

Die Schule des Lebens in Wien ist nicht weniger hart als der Aufstieg in Linz, aber Bruckner ist nun trainiert. Als ungelernter Neuling vom Land glaubt er an den Einfluß des Hofes, muß jedoch bald erkennen, daß er nur mehr formal mit Macht ausgestattet ist, in Wirklichkeit die Fäden andere knüpfen. Er entdeckt, was bürokratische Hindernisse bedeuten, was Neid und Intrigen ausmachen, welche Rolle die Lage einer Wohnung darstellt, was die Kritik ausmacht, wie mühsam mit Orchestern umzugehen ist und daß es auch für ihn Dinge gibt, die er von der Sache her nicht erreichen kann.

Daß Bruckner nicht ohne weiteres aufgibt, ist seinem oberösterreichischen „Sturschädel" zu verdanken, der, wenn schon nicht die Sache selbst, dann Kompensationen dafür anpeilt: den Lehrauftrag und das Ehrendoktorat statt des Universitätsprofessors, die Koexistenz neben Brahms anstelle der Freundschaft, den kaiserlichen Orden anstelle des erwünschten Schweigens von Eduard Hanslick. Bruckner versucht taktisch zu sein, überzieht dies (manchmal zum Mißvergnügen der Professionellen) und sammelt, wenn man seinen Gesuchen glaubt, eine Position nach der anderen.

Bruckner lernt in Wien immer noch, aber langsamer,

von mehr Hindernissen geplagt, von mehr Zufällen abhängig, doch immerhin soviel, daß sich sein Lebenstraum erfüllt: (mit Brahms) der wichtigste Komponist dieser Stadt zu sein, ausgestattet mit dem Ehrendoktorat der Wiener Universität, die Position des k. k. Hoforganisten bekleidend und von allen Freunden wie auch den Gegnern beachtet. Substanz und Marketing haben sich optimal angenähert.

Der Sozialaufstieg

Jeder Künstler braucht Motivationen für den Antrieb, auf der Stufenleiter des Erfolges weiter nach oben zu klettern. Waren es für die Musiker der Barockzeit die üblichen Karrierestellen bei Kirche und Hof mit den Spitzenhierarchien des Hof- oder Domkapellmeisters, so bot die Zeit der Wiener Klassik die Chance zum selbständigen Unternehmer, wie sie Joseph Haydn für sich nützte, oder zum autonomen Musiker, der sich, endlich frei von den Berufszwängen, nur seiner kompositorischen Arbeit widmen konnte. Mozart riskierte dafür den Hinausschmiß aus den Diensten des Fürsterzbischofs von Salzburg, und Beethoven zwang mit der Drohung seines Weggangs aus Wien großherzige Fürsten zur Bezahlung seines Honorars. Schubert schließlich pochte auf die Freiheit eines bürgerlichen Aussteigers, wenn man so will, dem zwar die Drucker die höchsten Honorare seiner Zeit zahlen mußten, dem aber andererseits das Schreiben wichtiger war als das Aufgeführt-werden und die Freiheit wichtiger als jede berufliche Bindung.

Bei Bruckner war dies alles ein wenig anders, vermutlich deswegen, weil er nach seiner Schulzeit und als ausgebildeter Lehrer sich zwar seiner musikalischen Begabung sicher war, nicht aber, welchen Weg er tatsächlich einschlagen sollte. Und so wechseln bei ihm auch zeit seines Lebens bis ins hohe Alter hinein die Parallelen von bürgerlichen, zum Teil auch außermusikalischen Berufsanpeilungen und echten musikalischen Karrierepositionen. Seine oberösterreichischen Jahre waren dafür die Vorbereitung, wahrscheinlich auch das Training – das Match begann in Wien. Stiftorganist zu St. Florian und Domorganist in Linz war die eine Seite, Lehrer für Volks-, Real- und Hauptschule die andere, und – man glaubt es kaum – eine angemessene, der Musik ferne Dienststelle eine dritte Variante. 1853 richtet Bruckner an die *Hohe k.k. Organisirungs-Commission für das Kronland Österreich ob der Enns* die Bitte, ihm eine *angemessene Dienstesstelle* anzubieten:

Die hohe k.k. Organisirungs-Commission geruhe ihm bei Besetzung dieser k.k. Gerichtsstellen eine seinen Fähigkeiten und Kenntnissen angemessene Dienststelle in hoher Gnade zu verleihen, und unterstützet seine ehrfurchtsvolle Bitte mit folgenden Gründen:

Der ehrfurchtsvolle Bittsteller ist laut in A anruhenden Zeugnissen derzeit als Unterlehrer bei der Pfarrschule zu St. Florian angestellt, laut Taufschein B 29 Jahre alt, und erfreut sich laut Zeugnis C einer vollkommenen Gesundheit. Der ehrfurchtsvolle Bittsteller hat nach D und E anruhenden Zeugnissen sowohl den Präparandenkurs an der kk. Normalhauptschule in Linz mit einem Jahre absolvirt, als auch die Privatprüfungen über die Unter-Realschule mit sehr gutem Erfolge abgelegt. [...] *Gestützt auf die wahrhaften Nachweisungen, und in gnädigster hoher Berücksichtigung, daß der gehorsamste Bittsteller auf alle ihm mögliche*

Weise mit allem Fleiße und Hingebung bemüht war, sich für das Kanzleifach auszubilden, welchen Beruf er schon lange in sich fühlt, erlaubt er sich seine ehrfurchtsvolle Bitte nochmals zu wiederholen: Hohe kk. Organisirungs-Commission wolle bei der Besetzung der künftigen kk. Gerichtsstellen ihm eine Kanzellisten- oder eine seinen nachgewiesenen Kenntnissen und Fähigkeiten angemessene Dienstesstelle in hoher Gnade zu verleihen geruhen.

Und auch in Linz läßt er nicht locker. Obwohl es juridisch umstritten ist, drängt er die Direktion der Gesellschaft der Musikfreunde mit drei (!) Ansuchen, ihn als *Lehrer der Musik an Conservatorien und zur Unterweisung von Lehramtszöglingen allerorten* bestens zu empfehlen. Genau fünf Monate vorher, am 22. Juni 1861, hatte er, obwohl das Zeugnis noch gar nicht ausgestellt war, sich als Direktor des Dom-Musik-Vereins in Salzburg beworben. Wie immer stellt er sein Licht nicht unter den Scheffel:

1. Würde das Institut an ihm einen Orgelspieler von Ruf gewinnen;

2. Besitzt der Gefertigte die erforderlichen Kenntnisse der Harmonielehre und des Contrapunctes in vollem Umfange, so daß die *Acreditirung im In- und Auslande gewinnen würde;*

3. Würde der Gefertigte auch dem eigentlichen Dirigenten-Fache gewachsen sein.

Bruckner ging aufs Ganze, nicht auf eine Karriere als Organist beispielsweise. In einem Brief an seinen Freund Rudolf Weinwurm vom 1. März 1867 sagt er warum:

Bezüglich der Reise muß ich leider schreiben, daß ich noch kein Repertoire habe, obwohl ich Bach und Mendelssohn gespielt habe. Ich habe wenig Zeit und Lust, mich sonderlich in dieser Beziehung zu plagen; denn es hat keinen Zweck; Organisten sind stets schlecht gezahlt; und wenn man Concerte am Ende nicht mit Vortheil arrangiren kann, meine ich, ist's am besten, unentgeltlich und dann auch nur Phantasien etc. ohne Noten aus dem Kopfe zu spielen. Zum gediegenen Spiel fremder Meister glaube ich werden draußen sehr tüchtige Leute in Hülle und Fülle sein, meinst Du nicht? Dann möchte ich umsonst die Zeit nicht so vergeuden, wer weiß, ob man Concerte halten kann.

Dies war nicht nur die Zeit einer Bruckner fast an den Rand des Wahnsinns treibenden Nervenkrise, sondern auch die Zeit jenes ersten Schaffensschubes, der die Erste Sinfonie und die drei Messen produzierte und 1868 endete.

In Wien nun wollte Bruckner alles erreichen, was möglich war. Er wollte einerseits seine Kompositionserfolge, die er zweifellos in Linz hatte, um eine Dimension höher wiederholen, wobei ihm an der Habsburgermetropole letztlich mehr lag als an der internationalen Rezeption, die vielleicht manches für ihn erleichtert hätte. Aber Bruckner hat noch gar nicht vor, der autonome Künstler zu werden, von dem er am Ende seines Lebens spricht, noch will er auch die „konventionelle" Musikerkarriere starten, aber hoch oben beginnen. Als Voraussetzung sieht er seine Arbeit in Linz an und seine in weiser Absicht abgelegten Prüfungen. Konservatorium, Kirche und Universität heißt die Reihenfolge.

Bruckner geht es dermaßen stürmisch an, daß ihn der Hofkapellmeister Johann Herbeck mahnen muß, sich zu überlegen, *ob Ihre eventuelle hiesige Stelle, die Sie zumeist auf den Unterricht verweisen wird, Ihrer Neigung, Ihrer Begabung, die eigenen großen Kenntnisse Anderen beizubringen, entspricht, ob Sie sich überhaupt auf diesem Boden der, ich wiederhole es, hauptsächlich durch Unterricht geben Früchte tragen soll, wohl-*

fühlen werden, daß Sie sich jetzt den weitaus größten Theil Ihres Einkommens durch Orgelspiel und Dirigieren verschaffen. Haben Sie das alles gewissenhaft erwogen, steht Ihr Uebersiedlungsentschluß dennoch fest, so bitte ich Sie niemals zu vergessen, daß Sie diesen Schritt aus eigenem Entschluße, auf eigene Gefahr gethan. [...]

Auch in diesem Schreiben vom 10. Juni 1868 wird jene merkwürdige Distanz spürbar, die gerade Persönlichkeiten wie Herbeck, später die Dirigenten Hermann Levi und Hans Richter und schließlich auch der Hofkapellmeister Joseph Hellmesberger, die allesamt von seiner Musik im wesentlichen überzeugt waren, gegenüber dem Menschen Bruckner äußerten. Die Rücksichtslosigkeit und Hemmungslosigkeit, mit der Bruckner seine befreundeten Kreise für seine Interessen einsetzte, rief bei ihnen nicht immer Wohlwollen hervor. Die Witwe des Oberhofmeisters Konstantin Hohenlohe-Schillingfürst (dem Bruckner die Vierte Sinfonie widmete) berichtete die gleiche Beobachtung aus Hofkreisen:

[...] – *und ein so gewaltiges Talent muß auch Urwüchsiges an sich gehabt haben. Uns zeigte er sich leider in garstiger Vermummung –, es lag eine gewisse Berechnung der selbstgefälligen Plumpheit seinen Hofmanieren zugrunde.*

Und tatsächlich: parallel mit dem nicht gerade gelinden Druck auf Johann Herbeck zur Protektion um die Sechter-Nachfolge schreibt der energiegeladene Karrierist an Hans von Bülow in München, um *Fürsprache für die Stelle eines Hoforganisten oder Vizehofkapellmeisters bei König Ludwig II.* zu erlangen.

Doch mit einer Professur hat Bruckner nicht genug. Er erkämpft sich auch ab 1870 einen Lehrauftrag für Theorie an der k. k. Lehrerbildungsanstalt St. Anna und klärt mit seinen Orgelerfolgen in London, wo man die *Leistungen dieses Künstlers wahrhaft ausgezeichnet und würdig des Vaterlandes eines Mozart und Haydn* fand, daß er auf diesem Instrument die Nummer 1 ist. Die Gesellschaft der Musikfreunde bestätigt ihm dies, weil er im Spätherbst 1873 die neue „Ladegast"-Orgel mit einer halbstündigen Improvisation einweihen darf. In dieser Zeit (1871-1876) folgte Bruckner seinem zweiten Schaffensschub. Dieser brachte die Zweite bis Fünfte Sinfonie in ihren ersten Fassungen.

Und damit nicht genug. Bruckner sucht auch um punktuelle Fördersummen an, um eine *bleibende, im Budget gesicherte und vorgesorgte Subvention,* wie er sie auf Veranlassung Hanslicks 1868 schon als Künstlerstipendium erhalten, am 9. Januar 1874 aber mit einem weiteren Ansuchen reaktiviert hatte. Und Bruckner hatte sich gleichzeitig – wie schon 1867 – um eine Stelle als Kompositionslehrer an der Universität beworben, die ihm aber aus strukturellen Gründen verwehrt wurde. Die Argumentation, die Eduard Hanslick als Musikspezialist formulierte, folgte den Ideen des Kunsthistorikers Rudolf von Eitelberger, der seine hochschulpolitischen Ideen zum Thema Kunst grundlegend reflektiert und publiziert hatte. Denn Rudolf von Eitelberger hatte im Bereich der bildenden Kunst die Notwendigkeit erkannt, die praktische Lehre und die theoretische Forschung institutionell zu trennen, und gerade deswegen sei eine oberste Schule für das praktische Kunstgewerbe im Zusammenhang mit der Neugründung des Österreichischen Museums für Kunst und Industrie einzurichten. Dieser Argumentation, die für die Transportation der Kunstlehre das Meisterklassenprinzip und für jene der Kunstforschung die Vorlesung vorsah, schlossen sich sämtliche Lehrer der Fakultät an. Und deswegen hatte der Dekan der Wiener Universität, Ottokar Lorenz, in einem freundlich gehaltenen Schreiben an den Komponisten festgehalten, daß *eine Lehrstelle für Compositionslehre an der Universität Wien nicht am Platze sei, sondern eine Lehrstelle dieser Art entschieden nur an einem Conservatorium zu begründen wäre.*

Hanslick nennt 1874 die Wiederholung des Gesuchs eine *res judicata,* eine Argumentation, die den Bruckner sehr wohlgesonnenen Unterrichtsminister dazu bringt, dem Komponisten zu raten, die Bewerbung um eine Professur fallenzulassen und lediglich um ein Lektorat (also nach dem heutigen Sprachgebrauch um einen Lehrauftrag) anzusuchen.

Bruckner tat dies mit einem Schreiben vom 12. Juni 1875, und Hanslick als zuständiger Fachprofessor für Geschichte und Ästhetik der Tonkunst an der Wiener k. k. Universität reagierte ordnungsgemäß mit seiner Eintragung in die Akte: *Gegen die Bestellung Bruckners als unbesoldeter Lehrer der Harmonielehre und des Contrapunktes an der Wiener Universität obwaltet kein Bedenken.* – Formal gesehen war es jedenfalls der Kritiker Eduard Hanslick, der Bruckner zu einem Lektorat an der Universität verhalf.

Und: mit Bescheid der Hofmusikkapelle vom 16. Juni 1875 wurde über *hierortigen Antrag Ihnen die Stelle eines Vize-Archivars und zweiten Singlehrers der Hofsängerknaben vom 1. Juli d.J. an verliehen.*

Wie immer nach den erschöpfenden Schaffensschüben trat von 1876 bis 1880 eine schöpferische Pause ein, in der Bruckner die Revisionen der ersten Fassungen überlegte und, diesmal durchaus zielgerichtet, sein Streichquintett schrieb.

Es mag sein, daß sich das eine oder andere Ansuchen des Komponisten aus rein pekuniären Gründen ergeben hat, weil Bruckner auch über einen gewissen finanziellen Engpaß klagt. Dagegen spricht allerdings, daß er die bürokratischen Usancen mit ihren langen Vorlaufzeiten kannte und eigentlich die Möglichkeit hatte, punktuell auftretende finanzielle Not mit Stundengeben und Privatunterricht zu kompensieren. Es ist eher wahrscheinlich, daß er aus einem bestimmten Absicherungsmodus heraus die zentralen musikalischen Institutionen Wiens (auffallenderweise nur die staatlichen) für seine Positionierungen als jedenfalls brauchbar und möglich ansah. Und weil es mit der Hofmusikkapelle nicht gleich so klappte, wie Bruckner sich das vorgestellt hatte, schickte er seine Bewerbung als Kapellmeister für die Kirche am Hof, die von der niederösterreichischen Statthalterei verwaltet wurde (Wien, 7. Jänner 1877).

Bruckner war bald beruflich ganz oben, er bekleidete Stabsstellen am Konservatorium der Hofmusikkapelle und eine wenn auch weniger bedeutende an der Wiener Universität. Mit diesen Karrieren war nicht nur Ruhm verbunden, sondern auch Geld, so daß aus dem armen notleidenden „Lehrgehülfen" ein weit über den Beamtendurchschnitt verdienender prominenter und stadtbekannter Bürger geworden war.

Bruckners Wohnungen spiegeln den Aufstieg. 1868, als er nach Wien kam, fand er eine Wohnung im 9. Bezirk, Währinger Straße 41, im zweiten Stock, für die er jährlich knapp 200 Gulden bezahlte. Diese Wohnung lag nicht nur in der Nähe der Burgkapelle (einer der späteren Wirkungsstätten Bruckners) und des damals Unter den Tuchlauben untergebrachten Konservatoriums, sondern galt auch als eine „gute Adresse" in der Wiener Gesellschaft, genauer: als zweitbeste Adresse nach der Innenstadt. Die nächste Wohnung, 1876 in der Heßgasse 7, eng am Schottenring gelegen, war viel näher am Zentrum und hatte eine ausgezeichnete Aussicht. Die kurzfristige Einmietung im Heinrichshof lag ebenso nicht außerhalb des Standards, denn jeder Wiener kannte dieses riesige Mietshaus gegenüber der Oper, das dem Großindustriellen und Besitzer der Wienerberger Ziegelfabrik, Heinrich Drasche, gehörte und wohl auch zu den teuersten Etablissements der Stadt zählte.

Den Gipfel des Wohnungskomforts erreichte Bruckner allerdings erst 1895, als ihm der Kaiser auf Vermittlung von Erzherzogin Valerie kostenloses Wohnrecht im „Kustodenstöckl" des Belvedere gewährte. Diese Adresse, die bis heute zum Nonplusultra des Wiener Wohnkomforts zählt, beweist, daß Bruckner auch in dieser eher unbeachteten Frage sein Ziel der Etablierung in die obersten bürgerlichen Ebenen hinein durchgesetzt hatte.

Ebenso für ihn notwendig, aber materiell unergiebig war die lange Reihe der Ehrungen, die ihm zuteil wurden und größen- wie bedeutungsmäßig den Sozialaufstieg unterstreichen: 1869 wird er Ehrenmitglied des Dommusikvereins und Mozarteums in Salzburg, im selben Jahr auch Ehrenmitglied des Welser Männergesangvereins und der Liedertafel „Frohsinn" sowie des Diözesan-Kunstvereins in Linz, 1870 Ehrenmitglied der Währinger Liedertafel, 1878 Wirkliches Mitglied der Hofkapelle, 1884 Ehrenmitglied des Wiener Akademischen Wagnervereins. 1886 wird ihm das Ritterkreuz des Franz Joseph-Ordens verliehen, 1890 ein Ehrensold des oberösterreichischen Landtages zugesprochen. Am 7. November 1891 schließlich erfolgt die Promotion zum Ehrendoktor der Wiener Universität, und kurz darauf wird ein „Festkommers der deutschen Studentenschaft zu Ehren Bruckners“ abgehalten.

Bruckners Absicht war es, soviel läßt sich heute sagen, nicht nur seine Kompositionen als Resultate harter Arbeit der musikalischen Welt von damals anzubieten, die für ihn einmal prinzipiell im Wien des Habsburgerreiches lag und nur ausnahmsweise darüber hinausging. Nichtsdestoweniger freute er sich mit steigendem Lebensalter über alle Aufführungen im Ausland, so als würde er ahnen, daß der Siegeszug seiner Werke um die Welt fast noch ein Jahrhundert brauchen sollte. Andererseits ging es Bruckner zweifellos auch um die persönliche Anerkennung als Bürger in einer Gesellschaft, die dem Künstler durchaus die Chancen bot, zu höchsten Ehren aufzusteigen. Er glaubte, so scheint es, nicht an die Selbstverständlichkeit, daß er dies mit seiner Komposition allein erreichen könne, sondern baute auf die institutionelle Verflechtung in Lehrinstitutionen von Staat und Kirche. Es könnte schon sein, daß dies auch mit Bruckners Angst vor Armut zu tun hatte, die er ja aus seiner Jugend kannte. Andererseits brauchte er aber nicht übermäßig viel Geld für die Versorgung seines Haushaltes, ganz im Gegensatz zu Mozart, Beethoven oder Richard Wagner. Vermutlich spielt hier die konservative Einstellung, daß man jedenfalls auch einen bürgerlichen Beruf haben müsse, eine wichtige Rolle, noch dazu, wo er in einem Berufsfeld arbeitete, das ihn, was seine Kompositionen betraf, unabhängig machte. Er mußte keine Aufträge erfüllen wie Mozart vor ihm, ja nicht einmal für einen Markt schreiben, was ihm auch mit seinen wenigen Sinfonien kaum möglich gewesen wäre, sondern er konnte in einer Transformation seiner Fähigkeiten sich relativ für den Schöpfungsprozeß freihalten. Dort, wo er den Markt bedienen hätte können – als zweifellos potentester Orgel-Improvisateur Europas –, lehnte er ab. Statt dessen wählte er eine Strategie, die, wenn man so will, auch eine österreichische Tradition hat, nämlich durch eine arbeitsverwandte Profession seinen sicheren Lebensunterhalt zu verdienen und daher möglichst viel Zeit für die eigentliche Arbeit, das Komponieren, zu haben.

Bruckner scheint sich auch sicher gewesen zu sein, daß er mit dieser Methode eine gesellschaftlich höhere Reputation erfuhr, als ihm dies als „bloßer Komponist" möglich gewesen wäre. Und da ihm tatsächlich die Spitzen der Gesellschaft etwas bedeuteten (schließlich widmete er ihnen bis hin zum lieben Gott seine Sinfonien), war er geneigt, seinen Aufstieg auch unter bürgerlichen Funktionsbegriffen sichtbar werden zu lassen.

Bruckner ging diesen Weg schrittweise, wenn auch manchmal etwas ungeduldig, und von Fähigkeiten begleitet, die nach wie vor als gesellschaftliche Durchsetzungsparameter Gültigkeit haben: Beharrlichkeit, Zähigkeit, Sturheit, Protektionismus, Anpassung und Spekulation. Er benutzte alle ihm nur möglichen Wege zur Erreichung des Ziels, gab trotz abschlägiger Bescheide nicht leicht auf und versuchte immer wieder über Parallelaktionen, seine Wünsche durchzusetzen. Er benutzte dafür Freund und Feind, was ihm gewiß auch Distanz unter seinen Jüngern einbrachte, und gab in höherem Interesse der Sache kurzfristig nach. Wahrscheinlich sind auch seine Umarbeitungen unter diesem Gesichtspunkt zu sehen. Bruckner wußte um den Wert von Aufführungen und ging dafür Kompromisse ein, die nach wie vor auch heute noch große Probleme für die Quellenforschung aufgeben. Bruckner, der schon vom Idiom her niemals zum Wiener werden konnte, paßte sich damit auch an eine Wiener Szene an, die ihre eigenen Regeln hat und die nicht zu beachten in dieser Stadt den Ruin bedeutet.

Daß Bruckner dabei in ein von ihm unbeabsichtigtes, aber nichtsdestoweniger für sein Anliegen gefährliches Fahrwasser geriet, zeigt die gesamte Problematik um die Frage der Zugehörigkeit zur Wagner-Partei und deren folgerichtige Vereinnahmung durch die Deutschnationalen. Abgesehen von Wagners neuer Musiksprache, wurde dessen Gedankenwelt sowohl in seinen Operntexten als auch in seinen Schriften begierig rezipiert und als eine Art neuer Heilslehre verstanden. Deutscher Nationalismus, Rassenwahn, Ablehnung des Fremden und Kampf gegen alles, was sich nicht anschloß, war die Folge. Und Bruckner blieb davon nicht unberührt. Jedenfalls hatte er mit der ihm eigenen Kraft und Ausdauer sein spätestens in Linz absehbares Ziel, an die Spitze der musikalischen Hierarchie der Habsburgermonarchie vorzudringen, erreicht. Und dies nicht nur als Komponist, sondern auch als Amtsinhaber und Funktionär einer Gesellschaft, die darauf großen Wert legte. Spätestens seit 1880 war das nicht nur ihm, sondern, wie die Zeitungen und Zeitschriften allgemein beschreiben, allen bekannt. Demgemäß fielen die Nachrufe anläßlich seines Todes am 11. Oktober 1896 auch aus.

Die Religion ist die Heimat

Bruckner war zweifellos religiös, sehr religiös. Und es war nicht diese „normale“ Konvention, die Haydn, Mozart oder Beethoven – gewiß mit Differenzierungen – als ihr Verhältnis zwischen Gott und sich selbst deklarierten, sondern es war eine Religiosität, die wahrscheinlich auch lebens- und berufsbestimmend wurde und, stärker als bei allen anderen Komponisten vor ihm, direkt in sein musikalisches Werk Einzug hielt.

Diese Religion kam aus der frühkindlichen Sozialisation, wurde in St. Florian zum Lebensstil perfektioniert und prägte diesen auch in Zeiten weit weg von dieser oder einer ähnlichen prägenden Institution. Bruckners Religiosität hatte nicht nur eine breitere Basis als alle anderen Sozialfaktoren seiner Jugend, sondern deckte bei ihm später auch Lebens- und Denkkategorien ab, die weder von ernstzunehmenden Zweifeln noch Verdrängung noch in Konkurrenz geratenden Zwängen gefährdet waren.

Die Religion machte seine Spiritualität aus, deckte den geistigen Horizont ab, schuf ihm das Modell eines geistigen Umraums, erfüllte seine Bildungsansprüche, bot ihm befriedigende Arbeitsmöglichkeiten, kontrollierte seine Lebenshaltung und war eine mögliche Therapieform gegen jene Neurosen, die möglicherweise durch die Nichtbewältigung ihrer Ansprüche erst entstanden waren.

Spiritualität

Bruckners Vorstellung vom Menschen und von Universum war die Umsetzung der alten christlichen Schöpfungsgeschichte, die durch Leiden, Tod und Auferstehung des Gottessohnes zum Heil führte. Der Komponist glaubte von Anfang an und nachweisbar bis zu seinem Verlöschen nicht nur, daß alle Substanz in Gott gegründet sei, und nicht nur, daß die erlösende Tat am Kreuz für das Heil aller Menschen begangen wurde, sondern auch, daß im Respekt und der Verehrung etwas an menschlicher Leistung zurückgegeben werden müsse und letztlich das Endziel jeder Kreativität die Verherrlichung Gottes sei. Deswegen das *Ad majorem Dei gloriam* als Widmungsspruch, deswegen die langen, bis zu sieben Stunden dauernden knienden „Andachten am heiligen Grabe" (darunter verstand man das Gebet am Karfreitag anläßlich der Kreuzabnahme Christi, das die Zeit bis zur Auferstehung füllen sollte).

Diese Spiritualität setzte Gott und die göttliche Person Jesus Christus in das absolute Zentrum der Metaphysik, wobei die theologisch dritte Person des Heiligen Geistes eher vernachlässigt wurde. Diese Spiritualität entspricht im wesentlichen dem katholischen Volksglauben der Zeit, ohne theologische Ziselierung und ohne jene Überbetonung der Figur Maria, wie sie erst später immer wieder Einzug hielt.

Für Bruckner war selbstverständlich, daß der Anfang und das Ende der Welt in Gottes Hand liegt, er das A und O dieser Welt ist und sein Sohn Jesus als Katalysator dieses Verständnisses und der Annäherung fungiert.

Geistiger Horizont

Diese Spiritualität bestimmte ohne Wenn und Aber Bruckners geistigen Horizont. Weder die genossene Bildung noch die persönlichen Nervenkrisen, die ihn fast an den Rand des Wahnsinns trieben, noch seine vermutlich überdurchschnittlich entwickelte sinnliche Sensibilität, die ihn vom 15. Lebensjahr bis nahezu auf das Totenbett in die Stadien verschieden intensiver Verliebtheiten katapultierte, waren für eine Irritation dieses Horizontes stark genug.

Wir wissen nicht, ob Bruckner absichtlich sich stärkeren Irritationen gar nicht aussetzen wollte oder es nicht konnte. Beispielsweise fällt auf, daß ihm die Welt der Literatur zeit seines Lebens fremd blieb, auch die Welt des Theaters, auch die Aura der bildenden Kunst – sieht man einmal von der Prachtarchitektur, die sein Raumempfinden wahrnahm, ab. Es wäre im Kontext dieser Kunstbeobachtungen möglich gewesen, hier auch die menschliche emotionale Dimension zu diesem geistigen Horizont einzubringen, den Egoismus, die Rachsucht, die Leidenschaft, die Eifersucht, die Grausamkeit, den Schmerz, jedenfalls starke Dokumentationen menschlicher Seinsweisen, die möglicherweise an seinem Weltbild hätten Zweifel aufkommen lassen. Selbst die Theaterwelt eines Richard Wagner, die ja mehrheitlich von Negativfiguren strotzt, die nach Regeln des allgemeinen Moralkodex und sogar des Bürgerlichen Gesetzbuches als kriminell eingestuft werden müßten, die die höchsten Künste von Verführung, Lug und Trug, Falschheit und Berechnung denkfähig machen, selbst diese Bilder einer bösen weltlichen Dimension machten auf ihn keinen Eindruck. Es könnte sein, daß Bruckner diese Welt nicht wahrnahm, weil er ausschließlich ihrer musikalischen Untermalung sein Augenmerk widmete, es könnte aber auch sein, daß er eine Art Immunsystem gegen jedwede andere Weltsicht entwickelt hatte und erst gar nicht in Versuchung kam, seine Auffassung der Dinge in Frage zu stellen. Sein ungetrübtes Verhältnis zu Bayreuth trotz der Mißmutigkeit Richard Wagners, trotz der – aus katholischer Sicht – Sündigkeit des Verhältnisses zwischen Cosima und Richard Wagner (nach einer katholisch unzulässigen Scheidung des von ihm verehrten Hans von Bülow) läßt diesen Gedankengang zu.

Wer hingegen erwartete, daß der zweifellos vorhandene Materialismus Bruckners, ausgerichtet auf den Erwerb von immer mehr Geld und immer höheren Positionen, diesen Horizont hätte verunsichern können, täuscht sich. Denn ganz im Gegensatz zu der Argumentation heutiger christlicher Basisbewegungen war damals die Tugend der Armut und die Lehre des Verzichts im Sinn von Askese im materiellen Kontext kein Thema, sondern, wenn überhaupt, nur im sexuellen.

Ästhetischer Umraum

Bruckners religiöse Bildung, die man in der Diktion der Begabungsforschung als fast pränatal ansetzen könnte, weil zweifellos die Kirchenmusik und das geistliche Lied die Hauptkriterien seiner embryonalen Erfahrungen ausmachten, ging mit der ästhetischen Erfahrung völlig konform. Neben dem Elternhaus, dessen Mittelpunkt der

„Herrgottswinkel" war, und dem Schulhaus, ebenso mit Kruzifixen und Heiligenbilderdarstellungen geschmückt, war Bruckners bevorzugter Aufenthaltsort die Kirche.

Dies hing mit der Position seines Vaters zusammen, der gleichzeitig mit seinem Lehrerdienst den Kirchendienst versehen mußte, mit der direkten Nähe von Schulhaus und Kirche, mit der Tätigkeit als Ministrant und als einer jener Buben, die zum Läuten der Kirchenglocken herangezogen wurden.

Diese Nähe zur Religion, zu Hause in Ansfelden vorformuliert, änderte sich niemals in der Ausbildungsphase, ja nicht einmal in den erfolgreichen ersten Berufsjahren, und dauerte kontinuierlich bis zu seiner Übersiedlung nach Wien 1868, also weit über die Hälfte seines Lebens hinaus und noch dazu in dessen prägendstem Teil. Schule und Kirche (in St. Florian zweifellos Kirche und Schule) war das Dioskurenpaar des räumlichen Aufenthalts, berufskonstitutiv notwendig für die Arbeit und beeindruckend mit einem Angebot von hoher substantieller Attraktivität. Man darf nicht vergessen, welche Wirkung gerade im Kontext ländlicher Einfachheit die in der Regel jedenfalls relativ prachtvoll ausgerichtete sakrale Aura auf das Gesichtsfeld eines Kindes und Heranwachsenden hatte. Dazu kam der glückliche Umstand, daß Bruckner sehr schnell im Laufe seiner kindlichen Entwicklung mit immer neuen und immer größer werdenden ästhetischen Prächtigkeiten versorgt wurde und tatsächlich exakt zur Zeit der Hochpubertät die ästhetische Perfektion des Chorherrnstiftes St. Florian hautnah erleben durfte.

Dieses Erleben war nicht ein Konsumieren im Vorbeigehen, sondern ein mit Ausbildung und Lebensertüchtigung verknüpftes Element, somit konstitutiv für die Persönlichkeit und Berufsentwicklung, gar nicht abstrahierbar vom eigenen Leben und damit zu einer Art Schule der Anschauung geworden, die mindestens so viel an Information internalisierte wie jede andere Ausbildung.

Wie wenig Bruckner später von anderen, gewöhnlich bemerkenswerten Raumerlebnissen wie Hallen und Palästen beeindruckt war, ist aus seinen spärlichen Zeugnissen über die Auftritte als Organist in Paris, Nancy und London, über die Selbstverständlichkeit, mit der er den Musikvereinssaal als gegebene Größe nahm und im Übergehen des „Templum“ Bayreuth abzulesen. Wieso sollten denn auch Überdimensionalität, neoklassizistische Überladenheit und ein Konzentrationsbehältnis mit karger Ausstattung Verwunderung erzeugen bei einem, der alle Aspekte dieser Begebenheiten schon in der frühen Kindheit und der Jugend als selbstverständlich erfahren hatte.

Bildung

Bruckners Bildung, im wesentlichen auf das beschränkt, was ihm das Stift St. Florian an Gegenständen, Reflexion und Beispiel angeboten hatte, wurde später eigentlich nur mehr durch die relativ häufigen Reisen realiter erweitert. Es fällt aber auf, daß diese Reisen entweder aus musikalischen Gründen angegangen wurden, was die Konzentration völlig auf den Spezialbereich Musik lenkte, oder aus einem Interesse für Natur, das allerdings auf Extreme aus war und für Bruckner vermutlich eine Art Schöpfungsbeweis, eine andere Art von Beleg für Größe und Allmacht, eine Stimulation für Respekt und Demut, eine Schöpfungserfahrung ausmachte. Abgesehen von den sinnlichen Versuchungen, die nahezu die Geschehnisse jeder Reise mitbestimmten und selbst bei seiner letzten noch zu einem merkwürdigen Heiratsantrag führten, ist das Ziel jeder dieser Reisen die Impression von Besonderheiten. In der Einschätzung Bruckners gewinnt – fast selbstverständlich, möchte man meinen – die Naturlandschaft jeden Wettkampf mit Menschengebilden, was bedeutet, daß in Bruckners Augen die Landschaft jedweder künstlichen Urbanität vorzuziehen war.

Arbeit

Es war eigentlich selbstverständlich, daß Bruckners Arbeit als Komponist zentral auf die Religion und die Vertonung religiöser Texte ausgerichtet war. Komponieren zur höheren Ehre Gottes war ebenso ein Argument wie die Herausforderung der hinreißenden Textierung der katholischen Messe. Die Texte des Ordinariums, also der gleichbleibenden Meßteile Kyrie, Gloria, Credo, Sanctus, Benedictus, Agnus Dei, jahrhundertelang erprobt und von allen bedeutenden Komponisten der Musikgeschichte als Vor-Wurf akzeptiert, sind in ihrer Substanz einzigartig. Selbst der Nichttheologe, der Ungläubige muß zugeben, daß in ihnen eine Art Mikrokosmos des gesamten Menschheitsprogramms vorhanden ist. Das Kyrie demonstriert das Bittsystem des Menschen, den Aufschrei um Hilfe, das Vertrauen in die Hoffnung. Das Gloria ist ein Ruhmesgesang, der die Dimensionen des Umgangs mit metaphysischen Adressaten ausschöpft. Das Credo ist nicht nur eine Eigenoffenbarung, eine Haltungsdemonstration, sondern beinhaltet auch die Geschichte des Menschen am Beispiel Jesu Christi von der Geburt bis zum Tode auf dem Kreuz als Erlebnisgeschichte mit Leiden und Schmerz und Freude und Glück und zieht dann ab der Auferstehung in die Vorstellungen einer himmlischen Sphäre unter den Auspizien der Gerichtsbarkeit ein. Das Sanctus ist ein Weihegebet, das die Distanz zwischen dem Menschen und seinem Gott ebenso belegt wie die geballte Kraft, ihn zu preisen. Das Benedictus als Gegenstück hebt diese Distanz in einer Vertrauensmaschinerie auf, legt, wenn man so will, die Nerven der betenden Seele bloß und zeigt, was Nähe bedeuten kann. Und das Agnus Dei schließlich in seiner einfachen Symbolik macht die Möglichkeiten des Menschen klar, sich unter den Schutz Gottes begeben zu können, wobei die letzte Wiederholung mit dem Friedensappell Erlösungskompetenz besitzt: aus irdischer Not, aus seelischer Not, auf Erden, im Himmel.

Die lateinischen Texte sind hochliterarisch, knapp und auf Grund ihrer Geschichte bildhaft ausdeutbar, verständlich auch für jene, die nicht Latein können, aus der langen Erfahrung des Umgangs und vor allem in den Aussagen präzise. Bruckner erreichte (mit Ausnahme des Te Deum, für das die Zuschreibungen ebenso gültig sind wie für die Meßtexte) in keinen anderen Vertonungen diese Dimensionen. Auch die Motetten in ihren spezifischen Kleinzeichnungen haben eine Ausdrucksform in Bruckner angesprochen, die er sonst niemals benutzt. Es war wahrscheinlich kein Zufall, daß Bruckner mit der Vertonung der lateinischen Texte sein kompositorisches Leben begann und erst nachdem er sich seiner Potenz darin sicher war, sich an die weltliche Struktur einer Sinfonie wagte. Das heißt nicht, daß er für diese Sinfoniestruktur alles vergaß, was er vorher formuliert hatte, eher im Gegenteil: Er verwendete nicht nur ähnliche Melodiebildungen, sondern übernahm sogar bestimmte Modellsituationen, die auch ohne Theologie semantische Bedeutung erlangen konnten, für den Aufbau der Sinfonie. So die Frage der Entwicklung eines Gedankens aus der Kleinstzelle, so das Problem des Auf- und Niedersteigens einer melodischen Idee, so das Prinzip der Simulation eines leeren Raumes durch weit auseinandergezogene Intervalle und vor allem jene thematischen Kategorien, die sein gesamtes Musikschaffen durchzogen: den Quint-Oktav-Sprung und die expressive Terzdurchschreitung.

Es kann heute nicht festgestellt werden, ob – wie manche Autoren vermuten – die Brucknerschen Sinfonien versteckte Gebete, also religiöse Kompositionen sind. Sie haben, so scheint es, zweifellos meta-religiösen Charakter, weil die Ausdrucksform des tiefreligiösen Komponisten ganzheitlich bestimmt war und er nicht, wie seine wenigen weltlichen Instrumentalstücke zeigen, sein Bewußtsein in jenseitig und diesseitig ausgerichtet spalten konnte. Es sieht so aus, als hätte er auch in seinen weltlichen Chorkompositionen – die mehrheitlich auf relativ schwachen Texten fußen, auch weil Bruckner von Literatur nichts verstand – den Habitus des Religiösen auf die verquere emotionale Sprachlichkeit übertragen, wodurch er manchmal in ein Pathos rutschte, das die Aufführungen eher verhindert denn befördert.

Wenn man nun die Messen genau analysiert und sich im

Detail mit ihnen beschäftigt, wird man entdecken, daß Bruckner eine sehr genaue theologische Bildung besaß, er deswegen den Kodex niemals verletzte, er andererseits aber auf Grund seiner persönlichen Religiosität differenzierte Aspekte einbrachte, die seine Musik von der anderer Kirchenmusiker unterscheidet. Schon seine ersten Meßvertonungen, die dem Typus der Landmesse zugehörig sind, zeigen Bruckners Anliegen, mit dem beigefügten Blechbläserklang durch die Hörner einen spezifischen Ausdruck von Metaphysik, von Macht und Glorie herzustellen, der gegenüber den Violinen als Träger des Normalen, Lebensnahen absticht. Die *Windhaager Messe* von 1842 (WAB 25) zeigt auch die Integration des Chorals, das Wissen um die Verdoppelung der Stimmen im Sanctus und das Gefühl für jenes Glockenmotiv bei den Worten *Cum sancto spirito,* das er erst viel später in Richard Wagners *Parzifal* wiederfinden sollte.

Die Kompositionen in Kronstorf bringen den für seine späteren Werke so wesentlichen Aspekt der Farbe als Analogie zu dem Orgelregister, den Kontrapunkt bis zur Fuge als Modell für die Bestätigung wichtigster Aussagen und die übernommene Lehre aus dem Barock mit jenen Sprachformeln der Affektenlehre, die bis zum heutigen Tag Gültigkeit haben.

In St. Florian (1845-1855) kommt die Begegnung mit der klassischen Orchestermesse dazu, das Lernen am Beispiel Mozart (*Requiem,* WAB 39), die Missa solemnis (WAB 29), die vieles rekapituliert, was Bruckner von Haydn bis Schubert erfahren hatte, das *Magnificat* (WAB 24), das die Barockkenntnis festigt, das *Libera me* (WAB 21) mit seiner klangmalerischen Dimension.

Und welche Position Bruckner gegenüber Jesus einnahm, was er für ihn bedeutete, ist aus der kleinen Komposition des *Ave Maria* (WAB 6) von 1861 mit seinem dreimaligen A-Dur-Akkord über dem Wort „Jesus" abzulesen.

Bruckner brauchte diese Vorbereitung für die drei großen Messen in d-Moll (WAB 26), e-Moll (WAB 27) und f-Moll (WAB 28), die im Abstand von je zwei Jahren ab 1864 entstanden. Sie sind jede für sich bewußt anders konzipiert, wobei die e-Moll-Messe ihre Gestalt eher aus der Notwendigkeit, im Freien aufgeführt zu werden, ableitet denn aus theologischer Disposition. Aber die Entscheidung für den achtstimmigen Chor und 15 Bläser bedeutete auch Entscheidung für die Rückwendung zum à capella-Stil Palestrinas und damit in eine andere Sphäre. Daß Bruckner aber damit nicht seine Theologie aufgab, ist aus den Feinheiten abzusehen: beispielsweise, daß er die Virgo immaculata, also die unbefleckte Jungfrau Maria, mit dem hellen A-Dur apostrophiert, während er die Mater misericordiae, die Mutter der Barmherzigkeit, ebenso Maria zugeschrieben, in das weiche As-Dur legt.

Ebenso auffallend sind die Posauneneinsätze beim Begriff des Sterbens, des Richtens, des Todes und – paraphrasiert – des *Dona nobis pacem* als Darstellung des ewigen Friedens im Tod.

Bruckner setzt bewußt den Choral, den gregorianischen wie den Typus des evangelischen, abgesetzt wie in der Übernahme von Einzelelementen ein, was ebenso auf eine genaue theologische Kenntnis verweist. Gerade mehrfache Vertonungen einzelner Textstellen (was ja im Bereich der Komposition der Messe automatisch geschieht, was aber Bruckner auch durch mehrere Fassungen von anderen Kirchengesängen wie das *Ave Maria,* das *Tantum ergo* und das *Christus factus est* belegte) zeigen nicht nur eine verschiedene Ausgangsbasis von Sichtweisen, sondern auch eine durchaus verschiedenartige Betonung von Bedeutungen, wobei alle musikalischen Parameter zur Unterstreichung der Aussage herangezogen werden. Diese Differenzierung, die ganz genau auf die Textvorlage reagiert, zeigt ohne Zweifel auch die Lebendigkeit von Bruckners Religiosität, die bis zu seinem Tode währte.

Und daß Bruckner keine Mühe zu viel war, allen Anforderungen des kirchlichen Gebrauchs zu genügen, ist aus seinen Skizzen zu *Ave regina coelorum* (WAB 8) in der Auseinandersetzung mit einer einstimmigen Melodie gegen Ende seines Lebens ebenso abzulesen wie im Riesenprogramm der schwierigen *Te Deum*-Fuge.

Bruckners religiöse Haltung, die er relativ unverfälscht sein ganzes Leben beibehalten konnte, wurde ohne Zweifel frühkindlich geprägt, aber in der Zeit des Lebens im Stift St. Florian so weit gefestigt, daß sie letztlich keine Irritationen mehr erfuhr. Dort erhielt Bruckner nicht nur eine genau umschriebene Schulbildung und eine ebenso genaue musikalische Ausbildung, sondern auch anhand des Beispiels der Chorherrn und Scholaren vorgeführt, was unter christlichem Leben zu verstehen sei. Ob Bruckner irgendwann hätte Priester werden wollen, ist nicht feststellbar. Wahrscheinlich hätten aber, wie aus seinem Umgang mit der Sprache abzulesen ist, seine Fähigkeiten für das eher abstrakte Theologiestudium nicht gereicht.

Der Kirchengesang war in einer Art offener Regel gegliedert: selbstverständlich gab es den Choralgesang, den Bruckner laut Zeugnis mit so *hervorragender Gewandt-*

heit und Vollendung zum herrlichsten Genusse verarbeitet und ausgeführt hat. Selbstverständlich gab es die große Orchestermesse klassischen Zuschnitts und – so zumindest nach den Aufzeichnungen des St. Florianer Regenschori Ignaz Traumihler – auch die Beteiligung des Volkes am Kirchengesang. Ein zentraler Punkt dieses Chorherrnstiftes (das Bruckner in seinem Testament als *„reguliert lateranisch"* bezeichnet) war die Gebetsverpflichtung der Laienbrüder, die regelhaft festgelegt war. Daraus einen Schluß auf die Analogie von Bruckners Gebetsaufzeichnungen abzulesen, ist möglich, ob man jedoch so weit gehen kann, in Bruckner eine Art Laienbruder zu sehen, ist fraglich. Allerdings ist durchaus denkbar, daß er Gewohnheiten dieser Laienbrüder im klösterlichen Alltag kennengelernt, übernommen und später beibehalten hatte, wofür die Gebetsstrukturen und das lebenslange Bemühen um Keuschheit sprechen.

Daß Bruckner diese Keuschheit ein Anliegen war, ist allein aus dem Umstand abzulesen, daß er mehrere Stufen ihrer Ausprägung kannte, die möglicherweise mit dem klösterlichen Leben direkt in Zusammenhang stehen. Die Gewohnheit, am Tage der Beichte einer weiblichen Person die Hand nur mit einem Handschuh bekleidet zu geben, spricht ebenso dafür wie der Terminus „entblößen", den Bruckner einmal beim Anblick eines weiblichen Dekolletés gebraucht haben soll. Möglicherweise sind beide habituellen Ausdrucksweisen aus der Lerntradition der im Kloster gelernten Verhaltensweisen ablesbar. Akzeptiert man dies nicht, so wäre eine sexualneurotische Ausformung in der Person Bruckners wahrscheinlich.

Hier wird ein schmaler Grad von Lebenshaltung sichtbar, dessen Beurteilung man nicht aus dem Blickwinkel heutiger Aufgeklärtheit allein vornehmen kann. Man muß die Gewohnheiten und Sitten der Zeit und ihrer spezifischen Gesellschaften als Argumentation für das Verständnis uns heute unverständlicher Haltungen heranziehen. Gerade eine kontrollierte Abwehr sexueller Versuchungen spräche für eine sich in St. Florian auferlegte und erlernte religiöse Haltung. Dagegen spricht nicht, daß Bruckner nicht nur weibliche Personen registrierte, sondern auch relativ oft in seinem Leben ans Heiraten dachte, also an eine geregelte Form der Sexualität. Gerade die genaue Trennung, die er zwischen Erotik und Sexualität vornahm (und die wir heute kaum nachvollziehen können), wäre ein Argument einer erlernten und reflektierten Vorstellung der eigenen Lebensweise.

Neurose?

Selbstverständlich hat Bruckners Religiosität in der Literatur über ihn ihren Niederschlag gefunden und entsprechende Erklärungsmuster wurden angeboten. Und selbstverständlich fällt es jedem Autor schwer, je nach seiner persönlichen Einstellung zur Religion, klare und rational nachprüfbare Aussagen gerade in einem derart komplexen Zusammenhang zu fällen. Heute ist verdienstvoll, daß gerade Autoren, die selbst als Geistliche wirken, in ihren Studien auch die kirchliche Degeneration der religiösen Haltung im 19. Jahrhundert beschrieben haben und damit manches erklärbar machten, was uns merkwürdig erscheint: die Degeneration von Sittenstrenge zu Prüderie beispielsweise, von christlicher Jenseitsausrichtung zu pauschaler Weltfeindlichkeit, einen gewissen Rigorismus, der irgendwo auch im Antisemitismus endete, und eine gewisse Wehleidigkeit gegenüber dem Fortschritt des Liberalismus und der Modernisierung.

Die Antwort waren kircheninterne Mittel wie die Volksmission und die Gebets- und Erbauungsbücher, Modelle, die von hoher Manipulationsfähigkeit und Psychologismen aller Arten gekennzeichnet waren. Selbstverständlich waren diese spirituellen Elemente für labile, einfache Persönlichkeiten Risikofaktoren, denen Gläubige mit starkem Selbstbewußtsein natürlich nicht unterworfen waren. Zu ersterem Typ nun zählte Bruckner.

Die Literatur antwortet darauf in der Regel mit dem nicht zu übergehenden Argument der Nervenkrise von 1867, die Bruckner – wie er selbst schreibt – *an den Rand des Wahnsinns brachte.* Weitere Argumente für die Labilität sind die Formelhaftigkeit der Briefe, die plumpen Gebärden beim Dirigieren und im gesellschaftlichen Verhalten, die Heiratsanträge, die Kleidung und die unzweifelhaft konstatierbare Zählneurose.

Man wird den Eindruck nicht los, daß viele dieser Zuschreibungen auf verbale Überlieferungen, Anekdoten und Äußerungen aus der Brucknergemeinde selbst zurückgehen, was die Vermutung aufwirft, daß man ein bestimmtes Brucknerbild haben wollte, um es in Einklang mit der Interpretation seiner Musik und bestimmten gesellschaftlichen Vorstellungen zu bringen.

Bei genauerem Hinschauen stellt es sich heraus, daß viele der geäußerten Argumente zu entkräften waren: die Kleidung war beispielsweise orgeladäquat, weil man zum

Treten der Pedale tatsächlich festes Schuhwerk braucht. Die Dirigierposen Bruckners waren jene eines Chordirigenten, ein Problem, das sich bis heute als Pendant zu Orchesterdirigenten herausstellt. Die häufigen Heiratsanträge waren der Versuch, eine Art hauswirtschaftlicher Ordnung in das Leben zu bringen, wobei die Frage der Liebe als zentrale Äußerung eher hintangestellt schien. Die Formelsprache war ein Resultat der klösterlichen Bildung und als Strategie nicht nur bequem, sondern auch erfolgreich. Die Zählneurose ist konstatiert als eine Besonderheit, die aber nicht unbedingt auf die Labilität eines Charakters schließen läßt. Die Frage der Bildung ist geklärt, das Verhältnis von Urbanität und Ruralität ist beschrieben, und Bruckners Verhältnis zum Geld hat jedenfalls keine direkte Verbindung zur Religion.

Zweifellos gibt es die Nahbeziehungen zu bestimmten Priestern: dem Rektor des Kollegiums Freinberg, Pater Carl Schneeweiß, dem Beichtvater Pater Karl Graff, möglicherweise, aber eher nicht, dem Männerseelsorger Pater Abel und gesichert jedenfalls dem Bruckner-Jünger Pater Josef Kluger.

Zweifellos war Bruckner Skrupulant. Die „Skrupulose" wird in der modernen Medizin zu den Neurosen gerechnet. Ihr Kennzeichen ist, daß beim Skrupulanten immer wieder bestimmte Fixpunkte auftauchen, über welche er stolpert, während er auf anderen Sektoren davon gar nicht berührt wird. Bei Bruckner waren dies: das Fasten (im Sinn des kirchlichen Fastengebots), weswegen er sich oft detaillierte Dispensen geben ließ. Es war auch das Beharren auf der Konzentration, gleichgültig, ob ihn im Prager Dom eine Frau durch lautes Beten störte oder er sich an hohen kirchlichen Feiertagen zu Hause verkroch, möglicherweise waren es auch die Zeichen seiner nach außen getragenen Frömmigkeit, die in einer unfrommen städtischen Umgebung auffielen.

Eines steht jedenfalls fest: Jede schöpferische Persönlichkeit hat auf Grund ihres kreativen Potentials, das beim Künstler lebenskonstitutiv ist, Eigenarten, die auf Grund der Prominenz auch auffallen. Inwieweit diese als neurotisch bezeichnet werden können, ist einerseits eine diagnostische Frage, andererseits eine Frage der Definition. Ein Beitrag zum Verständnis der Leistung wird dadurch in der Regel nicht gegeben.

Der lange Weg zur Sinfonie

Mit der endgültigen Entscheidung, Komponist zu werden, wenn auch noch mit der Vorstellung, vom Sicherheitsnetz Kompositionslehre zu profitieren, war für Bruckner klar, daß ihn der Weg dazu über die Sinfonie führen mußte. Kirchenmusik: ja, aus Neigung und wohl auch aus Profession, aber die Karriere als Hof- oder Domkapellmeister war Bruckner zu wenig. Opernkomponist: nein, trotz der Überlegungen am Ende seines Lebens, möglicherweise doch eine Oper à la *Lohengrin* zu komponieren, stand die Absage an dieses Genre fest. Bruckner fehlte nun einmal jedes theatralische Gespür, und er versuchte auch gar nicht eines zu entwickeln, wie seine Werke zeigen. Bruckner hatte auch keine Erfahrung mit der Literatur, weil sie ihn im Wesen nicht interessierte, und er hatte – bis auf wenige Ausnahmen, die letztlich sich auf Wagner bezogen – auch kein Interesse an der Oper.

Auch der Organist war für ihn kein Thema. Er improvisierte lieber, als daß er das Repertoire spielte, und glaubte nicht so recht (was nebenbei bemerkt auch zutrifft) an diese Tätigkeit als Brotberuf. So mußte, wohl oder übel, die Krönung der Konzertsaalmusik sein Ziel sein, jene große Sinfonie, deren Dimension Beethoven vorgegeben hatte, Schubert zu „himmlischen Längen" provozierte und das gesamte 19. Jahrhundert bis tief ins 20. hinein jeden Komponisten von Rang veranlaßte, seine sinfonischen Fertigkeiten zu produzieren. Haydn, der maßgeblich Pate an der Entwicklung der klassischen Sinfonie stand, hatte seine ersten mit 27 Jahren entwickelt und mit seinen letzten viel Geld verdient, sich ein sorgenfreies Dasein gesichert. Mozart, dem wenig Lebenszeit für seine Absicht blieb, in jedem Genre der erste zu sein, war neun Jahre alt, als er sich an die Arbeit machte, und gab mit seinen letzten vier großen Modellen um 1788 die geistigen Dimensionen für das 19. Jahrhundert vor. Beethoven war 28 Jahre alt, als er sich diesem Genre zuwandte und seine Lehrzeit bei Haydn, Albrechtsberger und Salieri damit ebenso beschloß, wie er dem 19. Jahrhundert seinen Tribut zollte und gleichzeitig allein mit den kühnen Anfangstakten der Ersten Sinfonie das Tor in die Zukunft weit aufstieß. Und Schubert war 16 (nebenbei bemerkt auch ein ausgebildeter Lehrer), als er am 28. Oktober 1813 seine Erste Sinfonie in D-Dur vollendete.

Bei Bruckner dauerte es von allen am längsten: Er ist fast 40, als er sich erstmals an das Genre wagt und da noch mit zwei Versuchsstücken, die er später nicht als Werke akzeptieren wird. Er hält hier – ein getreuer Schüler seines neuen Mentors Simon Sechter – an der Unvereinbarkeit von theoretischer und kompositorischer Arbeit fest:

Mit Compositionen kann ich nicht ausrücken, da ich noch studiren muß [...] *Später, künftiges Jahr, werde ich wohl fleißig componiren. Jetzt sind größtenteils nur Schularbeiten. In 3 – 4 Monaten bin ich fertig. Sollte eine Messe erfordert werden, so müßte ich natürlich die Studien aussetzen.*

Sein Lehrer diesmal ist der Linzer Theaterkapellmeister Otto Kitzler. Er behandelt mit Bruckner die Formenlehre vor allem am Beispiel der Klaviersonaten Beethovens und zieht für die Instrumentation die Kompositionslehre von Adolf Bernhard Marx, deren 3. und 4. Teil eine angewandte Kompositionslehre mit Beispielen bis hin zu Mendelssohn und Meyerbeer enthält, heran. Und jetzt wird geübt: ein Streichquartett in c-Moll (WAB 111), der Marsch für Orchester in d-Moll (WAB 96), 3 kleine Orchesterstücke (WAB 97), Ouvertüre in g-Moll (WAB 98) und die Sinfonie in f-Moll (WAB 99) – alles hat Lerncharakter. Und alles fußt auf Sechter und Kitzler, und – deutlich zu sehen – alles endet in der Modernität der Zeitgenossen Mendelssohn und Meyerbeer.

Die 3 Orchesterstücke sind einfach: 1. Thema, 2. Thema und Reprise des 1. Themas. Man merkt die kompositorische Absicht, die schematischen Trennungen zwischen Melodiestimme und Harmonie aufzuheben und statt dessen den melodischen Duktus langsam auf alle Stimmen zu verteilen. Man spürt die Unverbindlichkeit, die sich nicht festlegen möchte, und die Bezüge, die Bruckner im Kopf hat: das e-Moll-Stück bezieht sich auf Mendelssohns Violinkonzert, der Marsch auf den 2. Satz von Beethovens Klaviersonate A-Dur op. 101, das Trio geht Richtung Schumann.

Die Ouvertüre in g-Moll und die Sinfonie in f-Moll zeigen den langsamen Fortschritt: kein Instrument, keine Instrumentengruppe wird längere Zeit vernachlässigt, schon auch die Differenz von Solo und Unisono ausprobiert, was später in der Gestalt der 3. Themen eine große Rolle spielen sollte, und der Reiz jenes Sekundvorhaltes versucht, der später zum üblichen Repertoire Brucknerschen sinfonischen Ausdrucks zählte. Auch das registerartige Pingpong zwischen Streichern und Holzbläsern wird erprobt und wie ein Stück am Schluß ausgehen soll. Die Sinfonie in f-Moll, in der klassischen Besetzung mit 3 Posaunen (sie wurde erst 1924 in Klosterneuburg uraufgeführt!), beginnt – ganz gegen Beethoven – mit einem langen, zarten Hauptthemenkomplex in den ersten Geigen, mit der in der Literatur immer wieder zitierten, angeblichen Brucknerischen „Zweiteilung" von melodischem und harmonischem Prinzip. Merkwürdigerweise hat Bruckner in die Themenpräsentation einen dritten, völlig selbständigen Gedanken eingebracht, der aber nur einmal erscheint und weder in der Durchführung noch im Wiederholungsteil wiederkommt.

Wahrscheinlich am besten gelungen ist Bruckner der 2. Satz, ein *Andante molto* mit einer zellenartig zusammengefügten Struktur, die Unschärfe erzeugt, eine Irritation, die allerdings durch die beiden Folgesätze *Scherzo* und *Finale* mit ihrer strikten Simplizität wieder dementiert wird.

Möglicherweise war die Selbstzufriedenheit Bruckners nicht sehr groß, denn er wandte sich sofort nach der Vollendung der Sinfonie wieder der Chorkomposition zu, in der er inzwischen weit geübter und wohl auch erfolgreicher war. Der Psalm 112 (WAB 35) für Doppelchor und Orchester, vollendet am 5. Juni 1863, brachte Bruckner auf sichere Geleise. Wie sicher er sich fühlte, ist daraus ersichtlich, daß er diese Komposition seinem Lehrer Otto Kitzler nicht einmal vorlegte.

Aber er wollte es noch einmal wissen. Im Oktober 1863 setzte er einen neuen Versuch, eine Sinfonie in d-Moll (WAB 100), die er später als „Nullte" kennzeichnete, wohl um klarzustellen, daß seine Zählung der Sinfonien erst mit der Ersten begänne. Als 1895 Bruckner seine gesamten Werke durchsah, hielt sie der strengen Prüfung nicht stand, was verschiedene Handschrifteneintragungen wie „verworfen", „ganz ungiltig", „annulliert", „nur ein Versuch" belegen.

Und Bruckner hatte recht. Denn obwohl es immer wieder Ehrenrettungsversuche in der Literatur gibt, ist das Werk eine Studiensinfonie, sehr ähnlich jener in f-Moll, und erreicht niemals das Niveau der Ersten. Obwohl er sein Heil in Beethovens d-Moll-Sinfonie sucht – deswegen auch die Ähnlichkeiten des Beginns –, schafft es Bruckner nicht, den eigenen Ansprüchen zu genügen. So kommt es zu keinem ersten Thema in dieser Sinfonie und auch zu keinem zweiten. Man kann nicht aus einem gehaltenen Ton und einer zu ihm zurückkehrenden Quartreihe eine vernünftige Ausgangsbasis für motivisch-thematische Arbeit machen. Bruckner verfehlt das reale Ziel, jenen Höhepunkt, auf den die sinfonische Entwicklung zusteuern sollte und von dem sie auch wieder ihren Abschied nehmen könnte, und alle Lautstärke, die er als Kompensation mit und ohne Steigerung einsetzt, kann daran nichts ändern. Es sieht so aus, als hätte er lauter Überleitungen komponiert, die im Detail spannend sind, aber als aneinandergereihte Kette jeden Reiz verlieren.

Möglicherweise ist aus dieser Diskrepanz zwischen Wollen und Können jene Fragestellung abgeleitet, die schon auch als eine zentrale des 19. Jahrhunderts galt: Was sollte eigentlich eine Komposition sein? Oder genauer: Was wollte Bruckner wirklich komponieren? Es war ihm in seinen knapp 40 Jahren bislang klargeworden, daß neben aller Brotberuflichkeit, die er sich durch sehr viel Fleiß und

Ausdauer und viele Zeugnisse erwarb, die Musik auch als ein Ausdruck seines unmittelbaren Selbst einen Weg der Beachtung finden müßte. Bruckner hatte entdeckt, daß er mit der Improvisation auf der Orgel weit mehr sich selbst darstellen und auch mehr Zustimmung beim Publikum erfahren konnte als durch das bloße Abspielen bereits vorhandener Musik. Er wollte, so scheint es, weder üben, noch seine persönliche Gestaltungskraft für andere Werke vornehmlich einsetzen. Was ihm die Musik spannend machte, war ihre Ausdrucksskala, ihre Fähigkeit, kleine Kosmen zu erzeugen, viel weniger ihre konstruktive Dialektik. Was für die Wiener Klassik und in ihrem Gefolge Johannes Brahms oberstes Anliegen war, ein thematisches Gebilde durch Veränderung, Zertrümmerung, Variation und Neuzusammensetzung in immer neuem Licht darstellen zu lassen, also es soweit zu bringen, in sich selber eine Art Konversation zu führen, war Bruckner nicht so sehr wichtig. Er erlebte Musik als eine Art Transformation eines metaphysischen Raumes, in dem keine Erzählungen stattfanden, keine Geschichten, sondern spontanes Leben.

Natürlich wissen wir nicht, welche Vorstellung Bruckner damit verband, ob er an die Natur dachte oder an seine eigene Psyche, ob er in sie konkrete Vorstellungen hineinprojizierte oder sich dem Klangerlebnis hingab. Was ihm wichtig schien, war zweifellos eine eigene Aussage, eine eigene Stellungnahme, eine eigene Meinung zu einer bestimmten Fragestellung. Leicht hatte er es dann (und wahrscheinlich zog er deswegen die Vertonung geistlicher Texte so lange der wortlosen Dimension der Sinfonie vor), wenn er sich auf gesicherte Inhalte stützten konnte. Dazu kam, daß die lateinischen Texte, allen voran jene der katholischen Messe, für ihn selbstverständliche Inhalte besaßen, die je nach Stimmung und spontaner Anschauung musikalisch anzusprechen waren.

Gewiß hängt dies auch mit der großartigen und doch ganz einfachen Aussageform der lateinischen Texte zusammen, die einerseits menschliche Lebensdimensionen ohne Umschweife als das benennen, was sie sind (Sterben ist Sterben und sonst nichts), und andererseits in der Dimension der religiösen Verehrung alles mobilisierbar machen konnten, was es nur gab. Diese Fähigkeit der Mobilisierung von Verständnis für diese religiösen Ausdrücke war von vornherein der Subjektivität des mit ihr Umgehenden ausgeliefert, sodaß sich der Komponist tatsächlich auch für seine individuellen Zugänge entscheiden konnte, die von niemand anderem bestimmt waren. „Gloria – Ruhm – Ehre" trägt als Vorstellung in sich so viele Potenzen und Sichtweisen wie der jeweilige Komponist für sich selbst zu artikulieren bereit ist. Hiefür gibt es keine formalen Schranken innerhalb der Musikerzeugung, auch keine dogmatischen, keine der literarischen Differenzierung, keine, die außerhalb der Souveränität des Musikers selbst liegen.

Bruckners Umgang mit diesen Begriffen seit seiner frühesten Kindheit und die Konfrontation mit Beispielen der Auseinandersetzung mit ihnen, wie sie ihm sowohl das einfache Elternhaus als auch die schlichte Pfarrkirche, seine verschiedenen Lehrer, die Pracht von St. Florian und die Dimensionen der diese Begriffe komponierenden Musiker vor ihm vermittelten, hatten ihn sicher mit dem Umgang gemacht und ihn nicht in jenes unsichere Feld der rein musikalischen Autonomie hinausgeworfen, das ihm mit der Befassung der Sinfonie drohte.

Dort, bei der Vertonung dieser religiösen Begriffe, fühlte sich Bruckner genauso sicher wie am Spieltisch der Orgel, weil er in seiner Komposition gleichsam den Begriff improvisieren konnte und formal nur von der Syllabik und dem erprobten Kontext abhängig war. In der profanen Musik Europas war die strikte Trennung von Improvisation und Komposition ungefähr zu Zeiten Beethovens erfolgt. Der Improvisation konnten sich die Solisten und Virtuosen widmen – auch wenn Beethoven seinen Interpreten bald Zügel anlegte –, die Komposition wurde zu einem strengen, formal genau definierten Kunstwerk, in das zwar Ideen eingebracht, aber nach bestimmten Regeln bearbeitet zu werden hatten.

Die österreichische Tradition, auf Beethoven und Schubert aufbauend, erlaubte immer als einen Gesichtspunkt dieses kompositorischen Formalismus auch die bloße Aneinanderreihung von Ideen, ein Modell, das in der Literatur als „Parataxe“ beschrieben wird. Und Bruckner, dem diese Parataxe wohl niemand expressis verbis beigebracht hatte, operierte gerade in seiner Lernphase mit diesem Stilmittel und schaffte es im Laufe seines Lebens, ein neues Verknüpfungsmodell von nebeneinandergestellten Gedanken zu entwickeln, das gegen Ende seines Lebens immer komplizierter wurde.

Wahrscheinlich ist dieses Arbeitsvorhaben die Ursache dafür, daß selbst geübten Analytikern die formale Beschreibung der Brucknerschen Sinfonien nicht immer leichtfällt. Möglicherweise war dieses schwierige Geflecht der „hundertfachen Verwandlung der Form“ ein Arbeitsresultat der Improvisation, die Bruckner methodisch lange vor allen anderen Formenkundestudien gelernt und auch beherrscht hatte. Da Bruckner selbst überhaupt keine Improvisationen aufzeichnete, ja – bis auf wenige Ausnahmen – nicht einmal ihre Themen, und nur ganz wenige Orgelstücke überliefert sind (insgesamt nur sieben), kann man wenig über ihren Aufbau sagen. Wir müssen uns auf die Aussagen der Zeitgenossen und der Prüfungskommissäre verlassen, wobei die Bemerkung des Musikkritikers Max Graf im Jahre 1896 als eine Art Zusammenfassung verstanden werden könnte:

Alle Elemente der Brucknerschen Kunst sind hier gegeben: die ungeheuer starre Größe seiner Tongebilde, die ausschweifende Phantastik, die Vertrautheit mit den Tiefen der Töne, die Freude am Zierrat und Geflecht, an der hundertfachen Verwandlung der Form.

Der bestimmende Weg zur Sinfonie war aber die Form. So ist anzunehmen, daß die Improvisation für ihre Entwicklung die wichtigste Quelle zwar einerseits darstellt, aber eher in einer sie sprengenden Dimension. Was Bruckner also brauchte, und wofür er vermutlich den langen Zeitraum von 40 Jahren benötigte, war die Grundkonzeption des sinfonischen Denkens, das eher im Gegensatz zur sakralen Musik stand. Bruckner versuchte, die Schritte dazu – wie alles – behutsam anzugehen.

Den Anfang setzte er mit musikalischen Miniaturen, Liedern, Chören und jenen kleinen acht Klavierwerken, die allesamt zwischen 1850 und 1868 datiert sind. Sie sind im wesentlichen für seine Schüler gedacht, wobei die Widmungen an die von ihm verehrten Damen auffallen, und üben Tanz- und Fantasieformen. Auch der Marsch wird trainiert, geschrieben für Militärmusik, und die Besonderheit des Aequales, einer Begräbnismusik für 3 Posaunen.

Von den vier Kammermusikwerken Bruckners sind *Abendklänge* (WAB 110) für Violine und Klavier und das Streichquartett in c-Moll (WAB 111) ebenso Übungsmodelle, die dann später vom für Hellmesberger komponierten Streichquintett in F-Dur (WAB 112) und dem (als Ersatz für das zu schwierige Scherzo geschriebene) Intermezzo (WAB 113) kontrastiert werden.

Streng genommen ist es wenig, was Bruckner schriftlich zur Erreichung seines Zieles Sinfonie vorlegen kann. Denn die Lieder und Chöre und die kleinen geistlichen Kirchenmusikwerke helfen ihm nicht weiter für die große Idee. Vielleicht doch geholfen haben ihm seine drei großen Messen, die in der Zeit der Sinfonie-Ausformulierung entstehen und auch klare Zusammenhänge mit der neuen Ideenwelt nachweisen. So ist auffallend, daß – ganz im Gegensatz zu früheren Messen – Bruckners Linzer Auseinandersetzung als geschlossener Satz der einzelnen Teile konzipiert ist, was auf eine veränderte formale Absicht hinweist. Zwar muß sich Bruckner an die Worte des lateinischen Textes halten, aber jetzt versucht er sein motivisch-thematisches Material auch logischer umzusetzen als früher, eine Art Verschränkung zwischen der Autonomie der musikalischen Gestalt und der Funktion der Worte zu erzeugen. So konstruiert er für jede der Messen ein musikalisches Grundthema, dem er die gesamte Textur unterwirft, eine Haltung, die er auch später bei der Sinfonie einnehmen wird. Bei der d-Moll-Messe geht es um die Sekundreibung, die Dissonanz, die bei gleichzeitigem Erklingen eines Tones mit seinem Nebenton entsteht. Die f-Moll-Messe erprobte die schrittweise Ausfüllung des Quart-Intervalls durch die entsprechenden Töne der Tonleiter. Die e-Moll-

Messe radikalisierte wiederum die kleine Sekunde, die hier als härteste Dissonanz mit ihrer Reibung in der Harmoniestruktur sich nicht abwimmeln läßt. Bruckner probiert nicht nur radikale harmonische Rückungen, malerische Ausgestaltungen der inhaltlichen Gegebenheiten, wobei die kirchlichen Traditionen zwar Pate standen, aber mit einem neuen Licht versehen werden.

Neu ist jene harmonische Schattierung, die durch verschiedene Klänge und Dynamiken erzeugt wird und deutlich auf Beethovens Missa solemnis Bezug nimmt. Die Plötzlichkeit eines Tonartenwechsels schlägt gleichsam eine neue Seite der Betrachtungsweise auf.

Ein anderes Überraschungsmoment ist eine Art motivischer Variation. Hier wird die Präsentation eines Hauptthemas, meistens am Anfang eines Abschnitts, durch scheinbar fremde Nebenstimmen kontrastiert, die sich aber nach und nach als genau zum Thema zugehörig herausstellen oder die Erinnerung an bereits Gehörtes provozieren.

Und: Bruckner zeigt auch, was er sich unter einem Entwicklungsthema vorstellt. Das 28taktige Zwischenspiel vor *Et resurrexit* im Credo der d-Moll-Messe ist nicht nur eine dynamische Aufheizung vom Pianissimo zum Fortissimo, verstärkt durch stufenweise einsetzende Instrumente, sondern auch eine melodische. Zuerst geht es um einander abwechselnde kleine und große Sekunden, dann wird der Raum auf Terzen und Quarten vergrößert. Schließlich bauen sich Sekunde, Terz und Quart zur Durchdringung eines unendlich gedachten Raumes. Nur ist – im Gegensatz zu den Sinfonien – aus textlichen und wohl auch liturgischen Gründen der Entwicklungsweg im Zeitrahmen der

Messen immer ein kleiner, kurzer. Deswegen müssen die Bausteine auch komplizierter übereinandergetürmt in den Stimmen und im Instrumentarium verborgen werden. Diese semantische und durchaus theatralisch wirkende Technik, schon lange erprobt und jedem Kenner vertraut, ist formal nicht die gleiche wie in den späteren Sinfonien, aber sie entstammt der gleichen Haltung. Denn was dann Zeit haben wird, viel Zeit, und was ohne den Zwang und auch die Stütze des Textes mit rein orchestralen Mitteln konzipiert wird, fährt auf den gleichen Entwicklungsschienen. Auch dann wird es darum gehen, aus der kleinsten Zelle das große langtaktige Thema herauszudestillieren, auch dann werden die Auf- und Abschwünge im Sinn des „Descendit" und „Ascendit" alle dynamischen und instrumentalen Möglichkeiten ausloten, auch dann werden Repräsentationsmodelle und Versenkungskategorien einander abwechseln und Assoziationen evozieren, die – vielleicht übertrieben, aber tendenziell schon denkbar – die Literatur von den Sinfonien als „Messen ohne Text" hat sprechen lassen.

Bruckners musikalisches Denken ist zwar vielschichtigst in seiner Differenzierung, aber eindimensional im Erreichen des Ziels. Aus dieser Argumentation ist einsichtig, daß er lange brauchen mußte auf seinem Weg zur Endgestalt der Sinfonie und auch noch lange brauchen würde, daß die Zufriedenheit mit dem Abgeschlossenen sich nahezu niemals bei ihm einstellte und ihn bis spät in die neunziger Jahre zu Revisionen seiner Arbeit zwang. Es spricht für seine schöpferische Redlichkeit, daß diese Revisionen kein Thema waren bis zu dem Zeitpunkt, wo er sich stark und potent genug fühlte, der angestrebten Form überhaupt

Ausdruck zu verleihen. Er zog das Üben und das Ausweichen auf Dimensionen, die ihm schon vertraut waren, vor. Er benutzte aber, so der Input der drei großen Messen, diese Dimensionen auch zur Erreichung seines nächsten Ziels. „Schritt für Schritt" war nicht nur die Parole in der Ausbildung, im Erreichen von Zielen seines Berufswerdegangs, sondern auch in der Komposition. Und für die Sinfonie konnte oder mußte er eben 40 Jahre warten – länger als alle bedeutenden Musiker seines Ranges vor und nach ihm.

Versteht denn niemand, was er meint?

Es war also soweit: Bruckner vollendete am 14. April 1866 seine Erste Sinfonie in c-Moll (WAB 101), die am 9. Mai 1868 unter seiner eigenen Leitung in Linz uraufgeführt wurde. Und sie war ein Erfolg. Nicht nur die Linzer Presse, was eher naheliegend war, weil Bruckner bereits als Lokalheros fungierte, sondern auch Hanslicks *Neue Freie Presse* schreibt, daß sie *bei dem zahlreichen, sehr gewählten Publikum wie bei der Kritik eine außerordentlich günstige Aufnahme* fand. Das „sehr gewählte Publikum" waren (nach Angaben Bruckners in einem Brief an Rudolf Weinwurm) Aristokraten. Ob sie, wenn auch musikalisch gebildet, das Neue in Bruckners Sinfonie nicht gehört haben oder ob die traditionellen Elemente des Werkes so stark waren, daß die neuen Errungenschaften, die für alle Brucknerschen Sinfonien gelten, überdeckt wurden? Zumindest über den Anfang hätte man sich wundern müssen, denn Bruckner nannte ihn ein Vierteljahrhundert später „den kecken

Besen“, und er hatte recht. Denn so wurde noch keine Sinfonie eröffnet, wenn auch Schubert im 2. Satz der „Großen C-Dur-Sinfonie“ mit jener unbeirrbaren Marschbewegung operiert. Und so sollte erst viel später Gustav Mahler wieder in seiner Sechsten Sinfonie auf diesen Gestus zurückgreifen. Und noch etwas hätte verblüffen müssen: daß die Überleitung ganz konventionell ein lyrisches Seitenthema erwarten ließe und – welch ein Trick – statt dessen noch einmal das 1. Thema auftaucht, das Erwartete weiter nach hinten schiebt. Und der dritte Schlag: das 3. Thema knallt wenig später mit einem Reflex auf die Wucht aus Wagners *Tannhäuser* den Zuhörern um die Ohren. Auf dem Weg dazu rauscht Bruckner quer durch die Harmonik, ganz schnell, weit weg von dem Ausgangspunkt und ohne Rücksicht auf das Nebeneinander, ein Topos, der ihn alle Sinfonien hindurch begleiten wird. Gewöhnlich wird das 3. Thema als Bruckners wichtigste Leistung für die Erweiterung des Sonatenhauptsatzes angesehen. Dies stimmt nur bedingt, weil Bruckner manchmal auch vier Themenkomplexe gegeneinanderstellt wie in der Zweiten Sinfonie oder das 3. Thema nicht mehr diskutiert wie in der Vierten, Fünften und Achten Sinfonie, wodurch der Themenbegriff fragwürdig wird. Deswegen hat sich auch oft der Begriff des „Gedankens“ oder der „Gruppe“ anstelle des Themas eingebürgert. Wahrscheinlich tut man ohnehin gut daran, nicht so sehr die konventionellen formalen Bestandteile auf ihr Eintreffen zu untersuchen, sondern den Zeitverlauf der musikalischen Matrix Takt für Takt zu verfolgen, weil sich sonst das Gefühl für die tektonische Bauweise kaum einstellen wird.

Der zentrale Ansatzpunkt, der aber vielleicht nicht

sofort erfaßt wurde, war die neue Variantentechnik und damit der wirkliche Gegensatz zur klassischen Sinfonie. Denn es ging bei ihr (und Beethovens Neunte stand Pate dafür) um ein ausgewogenes Verhältnis zwischen Monumentalität und Differenziertheit, wo Ausdruck und Formbildung sich die Waage halten, wo sämtliche Elemente des Themas zum Motto für die thematische Arbeit werden können. So konstruiert Bruckner eine unüberhörbare Mehrdeutigkeit mit variablen und invariablen Elementen. Variabel ist die Harmonik, auch der melodische Bau, invariabel die Rhythmik. Die statischen Komponenten werden vom Rhythmus zusammengehalten, gleichgültig, ob einfach einstimmig oder kompliziert über das ganze Orchester hinweg, die fließenden Komponenten, die Tonhöhen, Instrumentation, Harmonik, harmonische Beziehungen hören nie auf, tätig zu sein. Monumentalität und Differenziertheit sind jetzt neu zusammengesetzt. Das Monumentale kommt aus dem Statischen, die Differenziertheit aus den anderen Bausteinen. Jetzt ist nicht mehr der zentrale Kern der sinfonischen Arbeit der Verarbeitungsprozeß des Motivs, das Ausloten der Dialektik, sondern das Hintereinander verschiedener Denkmöglichkeiten ein und desselben Kerns.

Dieser Kern kann zugedeckt werden, entmaterialisiert, aber er bleibt als Ausgangslage bestehen und lebt von seiner Be-arbeitung, nicht Ver-arbeitung. Die klassische Zertrümmerung und Wiederzusammensetzung findet nicht mehr statt. Statt dessen entsteht eine Art Transformation der ganzen Einheit, die in der Literatur oft als Mutation bezeichnet wird. Sie kann sich auf alle Elemente der musikalischen Ausdrucksmöglichkeiten beziehen, niemals aber die Substanz des Kerns an sich zerstören, vernichten. Leicht verständlich wird dies im Bereich der Dynamik. Denn jetzt sind „quadratische" Steigerungen angesagt, also mathematisch-analoge Steigerungskonstruktionen in Taktgruppen, was die Registerartigkeit der Instrumentation hören läßt. Auch wenn man nicht sicher sein kann, daß Bruckner dies bewußt vom Spätwerk Schuberts ableitet (das zum Teil aber damals noch nicht einer breiteren Öffentlichkeit bekannt war), wandelt er auf dessen Spuren. Da Wagner und Liszt sich mit diesem Thema gar nicht auseinandersetzen, weil ihnen die Sinfonie als Form kein Anliegen ist, steht Bruckner plötzlich allein. Selbst seinen Freunden ist unheimlich, was geschieht. In Linz war es gutgegangen, was – von heute aus gesehen – möglicherweise als positives Mißverständnis gewertet werden könnte. In der Provinz war die Aufführung eines neuen Werkes eines prominenten Mitgliedes der Gesellschaft von vornherein positiv, weil man kaum Vergleiche hatte und aus verständlichen Gründen kaum jene Repertoirekenntnisse wie in einer Großstadt besaß. In Wien mußte es zum Eklat kommen. Und er kam schnell. Denn kaum hatte Bruckner die Partitur-Niederschrift der Zweiten Sinfonie (WAB 102) am 11. September 1872 vollendet und im Oktober den Wiener Philharmonikern zur Durchspielprobe übergeben, kam sie auch schon mit dem Vermerk „unspielbar" zurück. Dabei hatte Bruckner knapp zuvor noch einen Triumph verbuchen können: Am 16. Juni hatten die gleichen Philharmoniker seine f-Moll-Messe als Auftragswerk für die Hofmusikkapelle Wien in der Augustinerkirche uraufgeführt und hatte Hanslicks *Neue Freie Presse* in der Rezension vom 29. Juni geschrieben: *Es wäre interessant, wenn Bruckners neue Messe ganz oder doch theilweise in einer guten Concertaufführung zu Gehör gebracht und dadurch einem größeren Publikum bekannt würde.* Und jetzt sollte alles anders sein?

Die genauen Ursachen der Ablehnung sind nicht bekannt. Gründe waren möglicherweise die ungewöhnlichen Längen, die vielen Generalpausen, das schwere Blech, vielleicht auch eine vermutete Wagner-Nähe, die der kühle Kritiker August Wilhelm Ambros zum „gesteuerten Rezeptionsmoment" für die Zukunft erheben sollte: Bruckner sei *aufs Bedientenbrett des Wagnerschen Triumphwagens aufgesprungen.* Das Stichwort für den späteren Kampf war gegeben, noch dazu von einem, der sich relativ neutral zwischen den Parteien bewegte.

Ein Jahr später gab es eine vom Fürsten Johann von Liechtenstein hochsubventionierte Uraufführung, die Bruckner selbst leitete. Er war vom Spiel der Philharmoniker so begeistert, daß er ihnen das Werk widmen wollte. Sie reagierten ebensowenig darauf wie Franz Liszt, der auf einen Widmungsantrag nicht einging.

Ob das Zufälle waren oder subtile Formen der Ablehnung, ist nicht zu klären. Jedenfalls stürzt sich Bruckner sofort in die Arbeit an der Dritten Sinfonie (WAB 103), die mit der üblichen Eintragung auf der letzten Seite der Partitur endet: *vollständig fertig. 31. Dezember 1873 Nacht.* Diese Sinfonie ist tatsächlich ein Dokument der Wagner-Verehrung, mit Zitaten aus *Tannhäuser, Walküre, Meistersinger* und *Tristan* und der persönlichen Vorlage zur Widmungsannahme in Bayreuth. Wagner, wie immer mit sich selbst beschäftigt, reagiert mit der Annahme der *Symfonie in d-moll, wo die Trompete das Thema beginnt,* und Bruckner tritt vier Wochen später dem Akademischen Wagner-Verein bei.

Es sollten 15 Jahre vergehen, bis das Werk uraufgeführt wurde (in seiner 2. Fassung), und kein anderes Werk des Komponisten macht die Unsicherheit, mit sich selbst umzugehen, derart deutlich. Wir sprechen heute von drei Fassungen der gesamten Sinfonie und von vier Fassungen des langsamen Satzes. Hans Ferdinand Redlich aber geht in seinem Vorwort zur Ausgabe der Sinfonie bei Eulenburg (London) vom März 1961 von sechs Fassungen aus, und selbst der Herausgeber der Gesamtausgabe, Leopold Nowak, spricht 1977 von fünf Partituren.

Unabhängig von allen Argumenten, die für das Problem der Brucknerschen Fassungen gelten und später erörtert werden sollen, zeigt der Extremfall der Dritten Sinfonie, wie unsicher Bruckner selbst geworden war und wie sich diese Unsicherheit auf die späteren Generationen niederschlug. Wahrscheinlich waren es, wie so oft, Freunde, die ihn zu Umarbeitungen motivierten, vielleicht auch die widrigen Umstände, die ihn gerade 1873 trafen. Denn Bruckner hat Geldsorgen. Er will, so im Schreiben an den ihm wohlgesonnenen Unterrichtsminister Dr. Karl von Strehmayr, eine *bleibende, im Budget gesicherte und vorgesorgte Subvention.* Und er will – vermutlich weil die Zweite Sinfonie ein Loch in Bruckners sorgsam überwachtes Budget gerissen hatte – noch eine Subvention, diesmal in einem Schreiben an den *hohen Reichsrath.* Bruckner braucht Geld, weil er den Kopf für die Arbeit freihaben will, eine Arbeit, die, so projiziert er zumindest, vor den strengen Augen seines Abgottes Richard Wagner bestehen sollte.

Nicht bestehen kann er vor den Augen der Wiener Philharmoniker, denen er das Werk 1874, schon an der Arbeit an seiner Vierten Sinfonie, „bedeutend verbessert" anbietet. Sie lehnen ab und gleich noch einmal 1875, wieder: *unspielbar.* Als auch die Intervention Richard Wagners nichts hilft, entschließt Bruckner sich zu einer Neufassung der Sinfonie, die 1877 als 2. Fassung vollendet wurde und zehn Jahre später zur Uraufführung kam. Die Ablehnung durch Publikum und Kritik, die zu einer Art Skandal führte, wäre vermutlich auch vorher nicht zu vermeiden gewesen. Obwohl das Publikum die 1. Fassung gar nicht zu Gehör bekam (sie ist, so scheint es, nicht einmal heute akzeptiert), war der Tenor einhellig.

Wiener Zeitung, 17. 12. 1877: *Es arbeitet in dieser verblüffenden Musik ein ungezügelter und ungeschulter Naturalismus, dem keine Roheit zu groß, kein logischer Sprung zu weit ist, und der das Unerhörteste mit einer wahrhaft kindlichen Gutgläubigkeit begeht. Herr Bruckner mordet Vater und Mutter mit der Überzeugung, das müsse so sein.*

Die Presse, 18. 12. 1877: *Aber leider tritt ihrer Wirkung die unendlich zerfahrene und in die Breite gezerrte Form des Satzbaus hinderlich entgegen.*

Die Presse, zwölf Tage später: *Allein der Mangel an Maß, an klarer Gliederung und logischer Entwicklung in der Form verdirbt wieder das, was an der Conception fesselt.*

Deutsche Zeitung, 19. 12. 1877: *In der That bekamen wir ein höchst absonderliches Werk zu hören, welches eher eine bunte, planlose Aneinanderflickung von Fetzen musikalischer Ideen genannt werden könnte, statt mit dem schon an und für sich wohlklingenden Namen „Symphonie" bezeichnet zu werden.*

Wiener Sonn- und Montagszeitung, 24. 12. 1877: *Glänzende Einfälle, Details voll Adel und instrumentaler Schönheit liegen in diesem Werke haufenweise übereinander, wie kostbare Einrichtungsstücke bei einem Trödler. Eine Eigenschaft, die für den*

Componisten ebenso unerläßlich, ja noch wichtiger ist als die Erfindungsgabe, fehlt Herrn Bruckner gänzlich: der Sinn für Ordnung, die Fähigkeit, Ordnung zu machen.

Allenthalben die gleiche Klage. Und sie trifft nicht so sehr die Wagner-Zitate, sondern die neue Substanz. Jetzt hat sich die Variantentechnik erstmals durchgesetzt, und das gleich in epischen Dimensionen. Jetzt ist die Sonatensatzform als ehernes Muster zwar noch erhalten, aber durch ganze Wellen von Veränderungen, Abnormitäten, Möglichkeiten unterlaufen. Jetzt ist endgültig die neue Sinfonie als eigenständiger Typus formuliert, und künftig wird es nur mehr darum gehen, diese Typologie nach ihren Möglichkeiten zu untersuchen, diese Untersuchungsfelder auf alle Parameter musikalischen Materials und darüber hinaus physikalisch-klanglichen auszudehnen und jenen unverwechselbaren Brucknerschen Ton zu treffen, der in der Stimmung, nicht der Gestalt resultiert.

Der Plötzlichkeit dieser Präsentation, die, aus dem Nichts kommend, in den heiligen Hallen der höchsten Musikbehörde der Wiener Philharmoniker zuschlug, war niemand gewachsen: kein Publikum, keine Kritiker, kein Orchester und keine Dirigenten, ja nicht einmal die Freunde, die ob dieser Radikalität erschraken und ehrlich ihre Fassungslosigkeit zugaben.

Aber Bruckners zweiter Schaffensschub (1871-1876) – die Trennung seiner Arbeitsphasen ist tatsächlich mit Schüben gleichzusetzen – war noch nicht zu Ende. Zwei Tage nach Vollendung der Dritten beginnt er, rast- und ruhelos, mit seiner Vierten Sinfonie (WAB 104), die er, schnell wie nie, in elf Monaten und zwanzig Tagen abschließt. Sie wurde, 1881, in ihrer 2. Fassung durch die Wiener Philharmoniker unter Hans Richter uraufgeführt, ein voller Erfolg, was Bruckner nur die lakonische Bemerkung entlockte: *staunenswerth.* Hatte man sich schon an die neue Diktion gewöhnt? Abgesehen davon, daß man sicher sein kann, daß die 1. Fassung mit ihrem völlig anders komponierten Scherzo vermutlich nicht derart wohlwollend aufgenommen worden wäre, blendeten ein paar Attraktiva: *Die Fülle geistvoller Ideen verleugnet sich nirgends und es ist nur ein gewisser Mangel an Sinn für einen gesunden Organismus fühlbar.* (Neues Wiener Tagblatt, 22. 2. 1881)

Selbst einer der schärfsten Kritiker Bruckners, der Brahms-Freund Max Kalbeck, konstatiert: *Anton Bruckners neue Symphonie in Es-Dur ist das Werk eines Kindes mit Riesenkräften. Ein junger Herkules, der in der Wiege zwei Schlangen erdrosselt, würde vielleicht in ähnlicher Weise Musik machen.* (Wiener allgemeine Zeitung, 23. 2. 1881)

Zweifellos fühlen sich auch alle wohler, weil alle Sätze sonatischen Gestaltungsprinzipien folgen und weil die Instrumentation raffiniert ist wie noch nie. Der Klang (zumindest der 2. Fassung) hatte seine Bausteine so weit aufgesogen, daß sie nicht mehr als störend empfunden wurden.

Doch Bruckner hatte keine Zeit. Er war auf dem Weg zur Fünften Sinfonie (WAB 105), die er drei Monate nach Vollendung der Vierten begann. Und er wollte Wien nicht nur das fünfte Fallbeispiel seiner sinfonischen Ideenwelt vorlegen, sondern laut und vernehmlich demonstrieren, was der Szene entging, wenn man seine Künste nicht akzeptierte. Denn letztlich verstand er nicht, warum ihm nicht vergolten wurde, was er investierte, wieso er – von sich aus gesehen – keinen Erfolg hatte. *Mein Leben hat alle Freude und Lust verloren – umsonst u. um nichts,* schreibt er Anfang 1875 an Moritz von Mayfeld, *die Sache wird ernst. Gern gehe ich in's Ausland, wenn ich nur eine ernährende Stellung bekommen könnte.*

Und dann noch diese leidige Geschichte mit der Universität. Bruckner wollte und wollte die verschiedenartigen Konzeptionen von Universität und Kunsthochschule oder Akademie nicht sehen. Und weil er sie für sich nicht sehen wollte, wollte er allen anderen zeigen, was er denn auch in ihrem Sinn wohl konnte. So konzipiert er eine Sinfonie, die unmißverständlich an Mozart und Beethoven anschließt, die fast im Plagiat die Präsentationsmodelle der einzelnen Themen im Finale à la Beethovens Neunter zusammenfaßt, den klassischen Gestus der Einleitung in der Relation von Adagio – Allegro aufgreift, weil der gesamte strenge Satz von Zweistimmigkeit bis zur Doppelfuge abgehandelt wird, weil – auf Mozarts Spuren – die Verknüpfung von Sonatensatz und Fuge thematisiert ist. Diesmal keine 2. Fassung, nur eine kurze Korrektur, keine spätere Beschäftigung mehr, aber auch keine Uraufführung. Nur Josef Schalk und Franz Zottmann spielen das Werk am 20. April 1878 auf zwei Klavieren. Erst 1894 konnte das gesamte Werk unter Franz Schalk in Graz gespielt werden.

Wie immer nach einem gewaltigen Schaffensschub holte Bruckner Atem. Diesmal dauert die Pause bis zum Beginn der Arbeit an der Sechsten Sinfonie (WAB 106) knapp vier Jahre. Inzwischen hatte er eine Antrittsvorlesung als Lektor an der Universität gehalten, die Wohnung gewechselt, den *Germanenzug* (WAB 70) für den Akademischen Gesangsverein geschrieben, dessen Chormeister damals der spätere *Opernball*-Komponist Richard Heuberger war. Bruckner hat auch eine neue Klientel um sich geschart, deren deutschnationale Ausrichtung unverkennbar war.

Seine Einkünfte sind nunmehr nicht schlecht, er sammelt mehrere Gehälter und widmet sich der Revision seiner Erstfassungen. Die einzige größere selbständige Komposition dieser Zeit ist das Streichquintett (WAB 112), das wahrscheinlich keine Wunschkomposition Bruckners war, sondern dazu diente, sich seinem Vorgesetzten, Hofkapellmeister Hellmesberger, geneigter zu machen. Auf ähnliche Weise wie er seinen Sozialaufstieg angegangen war, versuchte er diesmal mit einem neuen Kapitel im Bereich musikalischer Kommunikation Hellmesberger zu überzeugen. Dafür schrieb er nicht nur für den unzufriedenen Hellmesberger ein Ersatzstück – noch im gleichen Jahr –, er änderte auch radikal das musikalische Tempo. Ohne dieses Eingehen auf fremde Wünsche hätte es kaum geschehen können, daß er *Andante, quasi allegretto* in *Adagio* verwandelte und alle *alla breve*-Zeichen ausradierte, die er vorher geschrieben hatte. Wie sehr dies adressatenbezogen war, geht daraus hervor, daß er in einem Schreiben an das Walter-Quartett in München vom 27. März 1885 notierte: *In Betreff des Quintetts bitte ich sehr, das Scherzo nicht so nach der Vorschrift, sondern den zweiten Theil desselben bis zum Wiederbeginn des Anfangs beinahe andante gütigst nehmen zu wollen.* So sehr er mit Beginn des sinfonischen Schaffens entschlossen gewesen war, nur noch in dieser Kunstgattung tätig zu sein, und so sehr er dies trotz aller Widrigkeiten zumindest in den Schubphasen beibehielt, so sehr mußte er sich auch nach der Decke strecken und als dem Adressaten das Scherzo zu schwer war, an seine Stelle ein Intermezzo (WAB 113) rücken.

Zum Start für den dritten Schaffensschub sammelte Bruckner alles, was ihm Kraft geben sollte: einen ausgiebigen Urlaub in der Schweiz, ein Leistungsgutachten von Hellmesberger für die d-Moll-Messe in der Hofkapelle und wohlwollende Pressestimmen, die wie im „Porträt eines Wiener Musikers“ seine Prominenz herausstrichen. Vom *glänzenden Orgelvirtuosen* ist die Rede, vom *sachgelehrtesten Nachfolger Simon Sechters,* von seinem Leidensweg durch die Institutionen, von den weiblichen Versuchungen, die an ihn herangetragen wurden, von letztlich vernichtenden Dirigentenanekdoten, vom Bezug zu Richard Wagner, von allem, nur nicht von der Sinfonie.

Bruckner hatte die Standesleiter emporklettern können und war zur öffentlichen Person geworden. Er war, was immer als Zeichen für Bekanntheit gilt, Opfer von Anekdoten und Histörchen, und unzweifelhaft gerühmt als Organist, sogar als Improvisateur. Doch kein Wort von der Sinfonie, obwohl fünf von ihnen längst vorlagen.

Aber Bruckner ging unverzagt an die Sechste (WAB 106). Wahrscheinlich in der Zeit der schöpferischen Pause und möglicherweise ausprobiert im Streichquintett kamen neue Überlegungen ins Spiel: die Konzentration auf das Adagio als das Herzstück des gesamten Organismus, was die Emanzipation des langsamen Satzes innerhalb der Sinfonie ansprach. Dieses Thema hatte schon Beethoven mit seiner Neunten angerissen, und Mahler sollte es fortsetzen. Bruckner aber argumentierte dafür mit den Sinfonien Nr. 6 bis 9 unmißverständlich. Wahrscheinlich hat damit zu tun, daß auch die Umstellung der Satzfolge, wie sie in der Achten und Neunten Sinfonie vorgeschrieben ist, ein neues Bewußtsein für Bedeutung erwirkte.

Auch diese Geste ist im Streichquintett vorformuliert. Das Scherzo steht erstmals an zweiter Stelle, und es bekommt mehr Gewicht. Vier rhythmische Ebenen werden übereinandergeschichtet, auf das zweite Thema des Adagios Bezug genommen, ja als Selbstzitat das erste Thema aus dem 1. Satz der Fünften Sinfonie zitiert und mit dem Trio in Richtung Gustav Mahler vorgearbeitet: Bedeutung durch Schichtung von Bedeutendem. Nur hören kann Bruckner diese Sinfonie ebensowenig wie die Fünfte, denn die Wiener Philharmoniker unter Wilhelm Jahn spielen am 11. Februar 1883 ausschließlich die Mittelsätze, angeblich wegen der Überlänge des Konzerts, in dem Beethovens 2. Leonorenouvertüre, ein Cellokonzert von Karl Anton Florian Eckert und die c-Moll-Sinfonie von Louis Spohr auf dem Programm standen. Hanslick erkannte die Bedeutung des Scherzos und verstand sie negativ: *Bei dem ausschließlich durch Seltsamkeiten fesselnden Scherzo trennte sich aber – wie ein Sportsmann sagen würde – das Roß von seinem Reiter.*

Zwanzig Tage nach Vollendung der Sechsten Sinfonie beginnt Bruckner mit der Partitur der Siebenten (WAB 107). Wie immer liegen Abschluß und Anfänge eng nebeneinander, allerdings drängen sich Revisionen und Kontrollen dazwischen. Im Fall der Siebenten die Durchsicht der f-Moll-Messe und der d-Moll-Messe, ja sogar im Stift Wilhering das Benedictus der e-Moll-Messe. Auch die Arbeit am *Te Deum,* die 1781 begonnen worden war, stand im Raum. Am 5. September 1883 ist die Komposition der Sinfonie abgeschlossen, drei Wochen später die erste Niederschrift der zweiten umgearbeiteten Fassung des *Te Deum.* Aber die Siebente fand ebenso keine Gnade: *Das Grundübel sämmtlicher Brucknerscher Composition besteht in dem absoluten*

Unvermögen ihres Autors, nach den Gesetzen musikalischer Logik zu denken und zu handeln, schrieb Max Kalbeck.

Aus seiner Sicht hatte er auch recht, weil er als die Gesetze musikalischer Logik ausschließlich die klassische Konzeption, wie sie Johannes Brahms vertrat, akzeptierte. Brahms hielt die Weiterbildung der Substanz für das wichtigste Ziel und verlangte damit einen geordneten Aufbau. Diese Regeln waren auf Bruckner nicht so einfach anzuwenden. Abgesehen von der verständlichen Konkurrenz und der Zugehörigkeit zu verschiedenen ästhetischen Richtungen wird offensichtlich, wie verschieden die ästhetischen Konzeptionen ausgelegt waren und daß – zumindest damals – ein Verständnis für beide antipodischen Entwicklungen fehlte.

Damit tat sich nicht nur das Publikum schwer oder die Kritiker, sondern auch die Professionals. Das Schreiben des berühmten Wagner-Dirigenten Hermann Levi an Franz Schalk vom 30. September 1887 spricht Bände. Dabei war es gerade dieser Dirigent, der bislang für Bruckner ins Feuer der Intervention gegangen war, zuletzt in einem Schreiben an Prinzessin Amalie von Bayern zwecks Ordensverleihung durch den Kaiser. Und daß Bruckner zu Levi volles Vertrauen hatte, ist ebenso sicher, sonst hätte er nicht die Partitur der Achten Sinfonie (WAB 108), die am 10. August 1887 fertiggeworden war, an Levi geschickt. Levi war für Bruckner nach Nikisch in Leipzig der Vormund in München. Er weiß, daß sie alles für ihn tun und daß ihr Tun prinzipiell Erfolg hat. Und Levi ist es, der dreimal den *Trauer-Gesang aus dem 2ten Satze der VII. Symfonie mit den Tuben und Hörner executiren konnte, wobei wohl der Tränen unzählige flossen.* Und Levi war es, der *unter lebhafter Zustim-*

mung von Hunderten auf das Bedeutendste sinfonische Werk seit 1827 toastierte und die Aufführung des Wunderwerkes, wie er es nannte, die Krönung seines künstlerischen Wirkens nannte. Und Levi hatte an König Ludwig II. von Bayern berichtet, *der die Widmung* [der Siebenten Sinfonie] *annahm.* Und dieser Hermann Levi, dem Bruckner seine *Freude über die zu hoffende Aufführung durch hochdesselben Meisterhand als allgemein eine unbeschreibliche* schildert, ist – fassungslos:

Sehr geehrter Herr Schalk! Ich weiß mir nicht anders zu helfen, ich muß Ihren Rath, Ihre Hilfe anrufen; Kurz gesagt; Ich kann mich in die 8te Sinfonie nicht finden und habe nicht den Mut sie aufzuführen. Orchester und Publikum würden, deßen bin ich sicher, den größten Widerstand leisten. Das wäre mir nun einerlei, wenn ich selbst, wie bei der 7ten gepakt wäre, wenn ich, wie damals dem Orchester sagen könnte: Nach der 5ten Probe wirds Ihnen schon gefallen! Aber ich bin furchtbar enttäuscht! Tagelang habe ich studirt, aber ich kann mir das Werk nicht zu eigen machen. Fern sei es von mir, ein Urteil aussprechen zu wollen – es ist ja sehr möglich, daß ich mich täusche – daß ich zu dumm oder zu alt bin – aber ich finde die Instrumentation unmöglich und was mich besonders erschreckt hat, ist die große Ähnlichkeit mit der 7ten, das fast Schablonenmäßige der Form. Der Anfang des 1. Satzes ist grandios aber mit der Durchführung weiß ich gar nichts anzufangen.

Darauf mußte Bruckner mit tiefer Depression reagieren. Denn es war akzeptabler, daß das Publikum gegen einen war oder das Orchester, daß die Kritiker einen nicht verstanden und Widmungsträger, aber jene Freunde, die bislang den Weg mitgegangen waren? Die noch mehr als Freunde denn als Interpreten sich selbst vor das Werk gestellt hatten und ihren Erfolg unauslöschlich an es gekoppelt hatten.

Wie sehr Bruckner dieses Urteil traf, ist daraus abzulesen, daß er seinen Schub nicht weiterführte, sofort mit einer Umarbeitung begann, die im gleichen Atemzug auch die Erste Sinfonie erfaßte, und irgendwo nicht mehr weiterwußte. Bis dahin war alles noch erträglich gewesen, irgendwie, und von der eigenen Sturheit kompensiert, auch Parteilichkeit verständlich, als institutionenabhängig, als Neid und Mißgunst interpretierbar, als Konkurrenz verstehend und von der eigenen, immer noch starken Dynamik kontrastiert. Jetzt, als die Kraft nachließ und vieles wirklich erreicht war, als der Kaiser um einen wußte und die Presse den Marktwert kannte, als internationale Erfolge schon winkten und die so wichtigen Drucklegungen zu Hause, jetzt verstanden ihn selbst die nicht mehr, die ihm immer zur Seite gestanden waren.

Das Mißverständnis währte lange. Beim XII. Internationalen Brucknerfest in München am 2. Mai 1954 erklang der 1. Satz der Achten Sinfonie (in der Erstfassung) unter Eugen Jochum. Und erst am 2. September 1973 konnte die vollständige Erstfassung dieser Sinfonie in einer Sendung der British Broadcasting Corporation unter der Leitung von Hans Hubert Schönzeler gehört werden.

Formaliter gesehen war nicht viel Neues passiert, was ja auch Levi mit der Analogie zur Siebenten Sinfonie beklagt. Aber was hatte letztendlich die Irritationen ausgelöst? Zweifellos die Harmonik, die jetzt ihr wildes Spiel mit der Form trieb. Als erstes war die Tonart fraglich. Wer es nicht weiß, wird lange nach der Tonika suchen. Irgendwo nach 17 Takten sieht es danach aus und endet in der Subdominante. Irgendwo nach 37 Takten sieht es noch stärker danach aus und endet in der Dominante. Und irgendwo nach Takt 147, als man schon „Heureka – gefunden!" rufen möchte, da ist es die Paralleltonart Es-Dur – und das soll jemand verstehen? Denn fixiert wird diese Tonika erst in der kürzesten aller Brucknerschen Sinfoniesatzcoden: Es ist eine funktionale Leere mit viel Getöse, das später denn auch verschwinden sollte.

Das gleiche Bild im Finale. Auch dort das letzte Wort in der Coda, jetzt allerdings von allen Sinfoniethemen gebildet, die ohnehin niemand mehr hören kann: abstrakte Musik für den Partiturleser und nur für ihn. Auf der anderen Seite ein Scherzo, diesmal als 2. Satz, das um einen formelartigen Grundrhythmus kreist, wo Melodik zur Nebensache wird, ein archaischer Einzeller dahinrast. Das Adagio, unmittelbar vor dem Finale plaziert und knapp 28 Minuten lang, also annähernd wie eine ganze Beethovensinfonie, lebt vom Kontrast von Verschleierung und Demonstration, hochkompliziert und mit einem derart langen Atem, daß manchem auch berühmten Interpreten dabei die Luft ausgeht. Es geht um die gestische Szene, die irgendwo Gebetscharakter hat, und um die Vorstellung eines metaphysischen Raumes, der mit allen möglichen Gefühlskategorien durchschritten wird. Es geht immer noch und viel radikaler um das Nebeneinander von spezifischen Denkweisen, die ganze Partiturseiten einnehmen. Die letzte Reprise des 1. Themas umfaßt nicht weniger als 70 Takte, hat Zeit für das Ausschweifen in andere Sätze (hier zum 1. Thema des 1. Satzes) und zur Anpeilung des absolut dynamischen Höhepunktes in Es-Dur, obwohl der ganze Satz in Des-Dur steht. Der 4. Satz ist eine Demonstration der Trennung der Parameter. Alles, was bislang miteinander verwachsen war – Rhythmus, Diastematik –, wird herausgefiltert, als verselbständigte Teilmomente behandelt, wie wir dies modellhaft aus der seriellen Musik der 1950er Jahre kennen. Die Auflösung dieser Problematik ist nur dann denkbar, wenn man begreift, daß die Technik, also die Verselbständigung von Teilmomenten der Motive oder Themen, und die Formkonzeption im Sinne einer zielgerichteten Entwicklung zwei Seiten der selben Sache sind.

Diese Gedanken konnten die Zeitgenossen, selbst die aufgeschlossensten, nicht verstehen, weil sie allem widersprachen, was gängig war. Sie widersprachen vor allem der Musikauffassung Richard Wagners, der die in sich geschlossenen Leitmotive in der Regel durch Sequenzierung weiterführte, während das Brucknersche Verfahren eben als Mutation oder – nach der Terminologie Adornos für Mahler – als Variantentechnik beschrieben war. Wichtig war, daß die Kernzelle flexibel, mehrdeutig und umdeutbar war, dabei man das Original erkennen konnte, aber entscheidende Merkmale dieses Originals auch als etwas ganz anderes verstanden werden konnten.

Für Bruckner war das kompositorisch zu einer Idée fixe geworden. Ihm, und fast nur ihm, war klargeworden, was er letztlich wollte: mit seiner Neunten Sinfonie zog er schließlich Bilanz. Es war gleichgültig, daß plötzlich die Dritte Sinfonie in ihrer Drittfassung bei der Uraufführung durch Hans Richter am 21. Dezember 1889 ein Erfolg war, der wahrscheinlich eher aus Parteinahme resultierte denn aus Überzeugung. Es war gleichgültig, daß selbst Brucknerfreunde wie Richard Heuberger nicht viel von der Achten Sinfonie verstanden und der letzte Satz, wie Kalbeck meinte, *den Unterirdischen verfallen* sei. Es war gleichgültig, daß selbst ein Brucknerfreund wie der Musikkritiker Dr. Theodor Helm, der 1878 noch an Bruckners Fähigkeiten gezweifelt hatte, über den Zusammenbau *aller vier Themen im Finale* aufgeklärt werden mußte. Jetzt ging es wirklich an die Neunte Sinfonie (WAB 109), und alle persönlichen Ablenkungen bis zu einem *dramatischen Werk* (Brief vom 5. September 1893) und alle neuen Lieben in Berlin, auch nicht die in St. Florian ausgeführte Schlußimprovisation, deren Thema er ausnahmsweise aufzeichnete, konnten daran etwas ändern.

Bruckner zog Resümee, auch ohne den verlorenen Kampf am Finale, und er demonstrierte langsam sichtbar und mit quälerischem Zeitverlauf, was er variantentechnisch konnte.

Im Scherzo, jetzt schon gewohnt an zweiter Stelle stehend, demonstrierte er den organisierten Lärm, eine Art neue Musik, den zweiten Sätzen von Mahlers Vierter oder Sechster Sinfonie vergleichbar. Und wieder weiß man im 1. Satz nicht die Tonart, erst ab Takt 43 weiß man ein bißchen mehr. Da steht die d-Moll-Tonika in Hörnern, Pauken und Streichern und dazu der Leittonakkord im Zwitterverfahren, der im zweiten Teil des Trios immer wichtiger wird und im 3. Satz, dem Adagio, zum letzten, dem vierten Motiv des ersten Themas mutiert. Vier Motive in einer Gestalt, allesamt ineinander verzahnt und jedes aus einer anderen Welt. Folgerichtig detoniert der gesamte musikalische Organismus, ähnlich dem langsamen Satz aus Schuberts „Großer C-Dur-Sinfonie“. Wo dieser aber keinen Ausweg mehr sieht, greift Bruckner auf die Relikte des ersten Themas und auf das *Miserere*-Zitat aus der Messe in d-Moll zurück und beruhigt in einer verklärenden Coda die Katastrophengeschichte.

Bruckner hatte wahrscheinlich begriffen, daß das, was er wollte, zu viel war für seine Gegenwart, selbst für seine Freunde und seine Kenner, und hatte, praktisch, wie er war, zur Vorsorge der Umarbeitung gegriffen. Sicher nicht immer aus eigenem Antrieb, oft wahrscheinlich gezwungen, den Einflüsterungen der Freunde folgend, oft auch, weil er vor neuen Anläufen pausieren mußte, nicht ununterbrochen die Hochspannung ertrug. Der praktische Sinn, aufgeführt zu werden und noch immer als Sinfoniker Nr. 1 gelten zu können, mag dazu beigetragen haben. Möglicherweise waren es auch Entwicklungsprozesse oder Überzeugungsergebnisse, die ihm Orchester, Dirigenten, kaum Kritiker vermitteln konnten. Die letzten Gründe für die Entscheidung, um- oder neuzubearbeiten, werden nicht zu erfahren sein, und auch nicht, wofür sich Bruckner entschieden hätte, hätte er allein entscheiden können. Was ihm aber schnell klar war und was ihm nicht nur alle sagten, sondern ihn auch durch Vereinnahmung dazu brachten, dem nicht auszuweichen, war die Ästhetik Richard Wagners. Mit seiner Kompositionstechnik konnte Bruckner sinfonisch eigentlich wenig anfangen, was sollte er auch mit einem dramatischen Klangteppich, der den Text heftig emotionalisierte? Aber klangtechnisch, im Verfahren der Usurpation fremder Gefühle und in der klugen Schaltung der Leitmotivik, lag schon auch eine verführerische Dimension, die jedenfalls mehr Hoffnung versprach als der Rückfall in die klassische Dialektik, die Bruckner dem Johannes Brahms überließ. Ohne Wagner – diese These sei gewagt – hätte es die Brucknerschen Mehrfassungen einfach nicht gegeben.

Zwischen Wagner und sich selbst

Eines steht unzweifelhaft fest: Die von vielen Zeitgenossen und auch noch bis in die jüngste Gegenwart konstatierte Künstlerfreundschaft zwischen Bruckner und Wagner existierte nicht. Zu einer Künstlerfreundschaft gehörte im 19. Jahrhundert selbstverständlich ein Briefwechsel, sofern die Freunde getrennt wohnten. Es lassen sich aber nur drei Briefe Bruckners an Wagner nachweisen. Einer davon, zum 65. Geburtstag Wagners, ist vorhanden, die beiden anderen, 1868 bzw. 1874 geschrieben, kennt man nur durch Antwortbriefe. Wagner schrieb einen einzigen Brief an Bruckner (1868). Dieser ist, schaut man ihn genau an, ein Geschäftsbrief, und er ist fast so abgefaßt, als würde der Schreiber den Adressaten gar nicht kennen (obwohl Wagner und Bruckner sich anläßlich der *Tristan*-Uraufführung 1865 persönlich begegneten).

Merkwürdig ist auch, daß sich Wagner nicht einmal für die Widmungspartitur der Dritten Sinfonie eigenhändig bedankte, an seiner Stelle mußte Cosima ein paar nette Zeilen schreiben. Wahrscheinlich stimmt auch die darin enthaltene Behauptung nicht, daß *Wagner Ihre Symphonie durchgenommen* [hat], weil eine diesbezügliche Tagebucheintragung Cosimas erst am 8. Februar 1875, also acht Monate später, vorzufinden ist: *Wir nehmen die Symphonie von dem armen Organisten Bruckner aus Wien vor, welche von den Herrn Herbeck und anderen beiseitegeschoben worden ist, weil er hier in Bayreuth war, um seine Symphoniewidmung anzubringen! Es ist jammervoll, wie es in dieser musikalischen Welt steht.*

Allerdings, verblüffenderweise, keine Nebenbemerkung wie sonst, kein Urteil, und deswegen die Vermutung, daß der Anlaß für die Vornahme die kommende Reise nach Wien gewesen ist, bei der man möglicherweise Bruckner treffen würde.

Und noch eine Merkwürdigkeit: Bruckner und Wagner trafen sich anläßlich der Widmung der Dritten Sinfonie im September 1873 in Bayreuth. Dies ist nicht nur von Bruckner, sondern auch von einem Bildhauer namens Gustav Adolph Kietz bezeugt, der zur Zeit von Bruckners Besuch in Bayreuth an einer Büste Cosima Wagners arbeitete. Beide sprechen davon, daß man sich in „Wahnfried" getroffen habe, aber: „Wahnfried" befand sich noch im Bau. Das heißt: Wagner lud Bruckner gar nicht zu sich nach Hause, sondern auf die Baustelle, die er persönlich überwachte, so daß man wohl von einer Art Geschäftstermin sprechen muß, der auch nicht sehr lange gedauert haben kann.

Und noch ein Argument: Sowohl Hans Richter, der seit 1875 die philharmonischen Konzerte in Wien leitete, als auch Hermann Levi, seit dem selben Jahr Hofkapellmeister in München, und auch Felix Mottl, 1881 Hofkapellmeister in Karlsruhe, waren engste Vertraute beider Komponisten. Aber keiner von ihnen erwähnte weder in den Briefen noch in den intimen Tagebuchaufzeichnungen auch nur ein einziges Wort Wagners über Bruckner. Man muß annehmen, daß sie es wohl notiert hätten.

Wagner, der sich in seinen späteren Bayreuther Jahren zumindest für das gegenwärtige Sinfonieschaffen interessierte, tat auch nichts für eine Drucklegung oder für eine Aufführung. Es spricht auch für die Realität, daß keiner der genannten Dirigenten, wenn sie über Bruckners Musik Gutachten abzugeben hatten, sich auf ein Urteil Wagners beriefen.

Ohne jetzt Cosima für Richard Wagners Einschätzung haftbar zu machen, stimmen ihre Sätze nachdenklich, die sie in einem Brief an Richard Strauss am 26. März 1890 über Bruckner verfaßte:

Auch Sätze aus Brucknerschen Symphonien habe ich gehört. Diesen guten Mann würde ich zum Hofkomponisten machen und bei ihm alljährlich eine Kantate, eine Festmesse, ein Te Deum, mit der Sicherheit, daß es sehr gut komponiert sein würde, bestellen. Das Zum-Genie-ausposauniert-Werden macht ihn zu einem Einfaltspinsel.

Nicht nur die Lebenswege beider Komponisten lagen weit voneinander entfernt und hatten ganz verschiedene Interessen, sondern auch die Ideologie, die hinter der Musik steht, war – bis auf wenige technische Umsetzungen – nicht kompatibel. Sie waren in Wirklichkeit Anhänger zweier verschiedener musikalischer Kulturen, obwohl wohlmeinende Freunde und nicht-verstehende Gegner sie in einen gemeinsamen Topf der Kunstanschauung warfen.

Diese beiden Kulturen entwickelten sich zu Beginn des 19. Jahrhunderts, merkwürdigerweise (oder vielleicht müßte man eher sagen: treffenderweise) mit der Nationalisierungsfrage der Kunst. Es ist die Dualität zwischen nationaler, topographisch eingegrenzter Bezugsweise und einer supranationalen, methodisch dominierten Denkweise – also Zielsetzungen, die einander scharf widersprechen und folgenschwere Andersartigkeit erzeugen.

Der Beginn dieser Kluft tut sich mit der erwachenden Nationalitätenfrage auf, ausformuliert zu Zeiten des Wiener Kongresses, motiviert vom Volksgedanken Herders, fürs Deutsche nationalisiert von Fichte. In Wien lief dies über die Etablierung der deutschen Oper, von Mozart genial als Singspiel *Die Entführung aus dem Serail* und im Modell der *Zauberflöte* vorgeführt. Beethoven mußte dafür schon heroisch kämpfen, als er *Fidelio* als einziges Ergebnis von 50 Libretto-Untersuchungen vertonte. Schubert verlor trotz härtester Anstrengung und viel Zukunftsträchtigkeit den Kampf gegen die italienische Internationale im Kontext der Oper, zog sich auf die Miniatur des Liedes zurück und dehnte die Sinfonie im klassischen Sinn.

Schubert gegen Rossini: diese Wiener Kunstdiskussion in den zwanziger Jahren des 19. Jahrhunderts war der Auftakt für diese Dualität, die in schnellen Schritten sich zu ästhetischen Kampfpositionen weitete und bis heute spürbar in der Auseinandersetzung zwischen Wagnerianern und Brahminen ihre musikhistorische Verewigung fand. Eduard Hanslick, Professor für Geschichte und Ästhetik der Tonkunst an der Wiener k. k. Universität, also der erste Ordinarius für Musikwissenschaft, mußte, glaubt man den Äußerungen der Brucknergemeinde, die Rolle des Schurken im Drama von Bruckners Karrierismus einnehmen. Heute wissen wir, daß er im Sinn der Universität handelte, als er Bruckner ausschließlich ein Lektorat, aber keinen Kompositionslehrstuhl zudachte. Er stand auch Bruckner persönlich nicht feindlich gegenüber, was seine frühe Einschätzung in Linz und auch sein Nachruf auf ihn belegen. Allerdings vertrat er in seiner Schrift *Vom Musikalisch-Schönen* die These, daß Musik tönend bewegte Form sei, also die kompositorische Äußerung sich auf Binnenprobleme der Musik beziehen solle und nicht auf außermusikalische Gefühle, die Musik nur mehr zum Transporteur von außermusikalischen Stimmungen mache. Folgerichtig wurde Hanslick der Wortführer der Ästhetik eines

Johannes Brahms und ein scharfer Gegner der Ästhetik Richard Wagners, der sich wortgewaltig der Kritik stellte. Das bedeutete im Klartext, daß nunmehr eine musikalische Aussage von zwei diametral entgegengesetzten Anschauungen her analysiert, die musikalische Formulierung nach einem der Gegensätze ausgerichtet und entsprechend dem Konsumenten zielgerichtet unterbreitet werden kann.

Radikal gesprochen ging es auf der einen Seite um die Versenkung des Konsumenten in ein Gefühl der Berauschung durch Stimmung. Es ging um Musik als Droge, um einen emotionalen Mitreißmechanismus innerhalb der musikalisch formulierten Botschaft. Ziel war die Einbettung des Hörers in eine vom Komponisten vorgegebene ästhetische Welt, die jede Realität hinter sich läßt. Selbstverständlich war damit die Elevation aus dem Alltag verknüpft, die Herauslösung des Menschen aus seinem gegenwärtigen sozialen Dasein, die Ästhetisierung seiner Person im Rahmen der Vorgabe.

Die andere Seite blieb bei der musikalischen Aussage als primäre Gestaltungsqualität. Sie blieb bei der Intellektualisierung der Ästhetik als konstruktivistische Maßnahme, immer materialbezogen, immer durchschaubar in der Konstruktion, selbst dort, wo zu übermittelnde Inhalte nach pathetischen Ausdrucksweisen riefen. Es ging nicht darum, die Aufhebung von Kunst und Leben zu betreiben, nicht den Konsumenten in den künstlerischen Prozeß zu vereinnahmen, nicht ihn in eine andere Welt zu versetzen. Im äußersten Fall ging es um die Vorstellung eines Modells einer anderen Welt, ausschließlich im musikalischen Reich angesiedelt und immer auf Distanzierung bedacht. Deswegen mußten hier die Gesetze des musikalischen Fortschritts primär beachtet werden, jedem Rückschritt abhold, jeder Vereinfachung entgegenwirkend. Jedes Thema, und lag es noch so außerhalb, mußte sich primär der musikalischen Diktion unterwerfen.

Das Konzept ging jedenfalls auf. Hier sammelte sich um Richard Wagner, der diese Stimmungsmusik zur Regel erhob und mit wortgewaltigen Aussagen die Vorstellung von einer neuen Religion propagierte, eine Art Partei, die – radikal formuliert – bis zur Inbesitznahme der politischen Realität bereit war. Sie propagierte das „deutsche Erbe“ als nationales Ziel, verstand darunter Tonalität, leichte Verständlichkeit, Simplizität der Konstruktion, den schönen Schein des Erbauungsmoments, das Erhabene, Große, Hehre, die Illusion einer Weltbeherrschung auf dem Boden erfahrener nationaler Geschichte, die Interpretation des heroischen Ichs, das nur sich selbst als Instanz kannte. Hier wollte niemand eine Öffnung in eine sich immer weiter ausdehnende internationale Szene, hier wurde alles andere Denken als verderblich, degeneriert und als „jüdisch“ abgetan, die Konkurrenz anderer nationaler Errungenschaften desavouiert.

Die andere Richtung, aus der Tradition der Geschichte mit Beibehaltung ihrer Regeln (Generalbaß) geboren und irgendwie an Wien als Zentrum gebunden, hielt an der Bedeutung der Materialität von Musik fest. Sie wollte sie nicht zum Diener irgendwelcher außerästhetischer Ziele machen, und sie beharrte auf der Auseinandersetzung mit dem Material. Die Form, der musikalische Gedanke und seine Bearbeitung, das musikalische Spiel ob seiner selbst, die Erzeugung von Emotionen, ausschließlich aus der

Musik und im Geiste dieser Musik hervorgerufen, waren das Ziel.

Natürlich bot die Stimmungsmusik, die bezeichnenderweise immer im Rausch aufgehen sollte, Attraktion: schon einmal für ihren Schöpfer und Propagator, weil er sich als „Ploenipotentarius“, als Religionsstifter (wie sich Wagner selbst bezeichnete) fühlen durfte; dann für die Interpreten, weil sie sich als Herolde, Überbringer dieser Allmachtsvisionen fühlen konnten; schließlich für das Publikum, weil es eine neue Privatreligion fand, die auf Gefühl aufbaute und nicht auf ein theologisches System; weil die Kontrolle des Intellekts ausgeschaltet und statt dessen eine Art vegetativer Übereinstimmungseuphorie propagiert wurde; weil in der Hochstimmung des von Emotionen Getragen-werdens die Grenze zwischen Komposition und Hörer selbst verschwand, so weit, daß er sich, in diesem Rausch aufgehend, selbst als Auslösungsinstanz dieser Stimmung fühlte, sie für seine Natur hielt.

Bruckner hat sich mit der Präferenz der Sinfonie für die musikalische Verarbeitung der Idee – wenn auch in einem anderen Sinn als Beethoven – entschieden. Was er von Wagner übernahm, war die Freiheit der Harmonik, die Steigerungstechnik, die Verteilung der Gewichte im Orchester. Er blieb aber, gleichgültig wie immer man ihn einschätzen mag, einer, der die sinfonischen Perioden beibehielt, fast zwanghaft im Sinn jenes „Quadratmusikers“, den Wagner in seinem Aufsatz über die „Anwendung der Musik auf das Drama“ von 1879 apostrophiert hatte. Bruckner konnte gar keine „Prosamelodie“ schreiben, wie sie am Ende des Vorspiels im 3. Aufzug des *Tannhäuser* der Oboe vorgeschrieben wird. Er konnte gar nicht die Streicher vielfach teilen, was Richard Strauss später kultivierte, und er transformierte, selbst wenn er Wagner zitierte (bei der Erstfassung der Dritten Sinfonie), das Original in seine Klangvorstellung – ein Argument, das inzwischen nicht nur stilkritisch, sondern auch technisch verfestigt ist. Eine technische Untersuchung mit dem Signalprozessor der Kommission für Schallforschung, der die Möglichkeit besitzt, ein Signal in Echtzeit fouriertransformiert zu beobachten, bestätigt die Klangfarbenunterschiede. Dabei stellt sich heraus, daß Bruckner sein Klangmuster vor allem auf Grund der vorgeschriebenen Dynamik und einer spezifischen Instrumentenbesetzung erreicht. Bei Wagner ergibt sich dies unabhängig von jeglicher Dynamik und spezifischer Orchesterbesetzung. Bruckner konzipiert seine Klangvorstellungen von Melodie und Begleitung in harmonischen Strukturen, die nebeneinander liegen. Wagner operiert mit dem Prinzip der Klangverschmelzung in der Melodieebene. Bei Wagner gibt es ein diffuses Begleitmuster, das einem streng gezeichneten harmonischen Melodiemuster gegenübersteht. Bruckner arbeitet den Unterschied zwischen Melodie und Begleitung in Art von Spaltklängen heraus. Bruckner erzeugt seine Abgrenzung durch räumliche Nachbarschaft, Wagner betont den Unterschied durch das Figur-Hintergrund-Verhältnis.

Auch formal wollen sie Verschiedenes. Bruckner kommt aus der Kirchenmusiktradition, wo es im wesentlichen um Lobpreis-Musik geht, also um Architekturen und um keine Programme oder gar Psychogramme. Wagners Theatermusik ist Ausdrucksmusik mit feinen Nuancen.

Diese Unterschiede wären trotz Bruckners großer Verehrung für Wagner alle kein Problem gewesen, hätten als verschiedene Zugangsweisen koexistentielle Berechtigung erfahren. Das Problem war nur, daß Bruckners Erstfassungen der Sinfonien keinen Erfolg hatten und, wie alle Freunde und Schüler meinten, überarbeitet werden sollten. Die Tendenz dieser Überarbeitung sollte in Richtung der neuen Ästhetik gehen, die Richard Wagner repräsentierte, also durchgängig, nicht durch Pausen unterbrochen sein, große Steigerungswellen besitzen, eingängige kurze Themen, die leitmotivisch eingesetzt werden sollten, und eine bestimmte Raffinesse der Instrumentation, die die Konsumenten begeisterte. Zielrichtung war, eine neue Art von Publikumsmusik zu schaffen, wie sie Wagner vorgab, die die Hörer in einen Gefühlsrausch versetzte, und die geordnete Strenge der Brucknerschen sinfonischen Disposition zugunsten einer formalen Aufweichung hinter sich ließ.

Die einfachste Form der Korrektur waren Striche. Sie, die auch einen Teil der späteren Fassungen prägen, sind Zerstörungen der Architektur, zumindest Beschädigungen, die auch dann treffen, wenn sie Freunde wie Gustav Mahler empfehlen. Bruckner muß sich gegen diese Striche gewehrt haben, nicht nur in der Resignation auf spätere Zeiten hin, sondern auch in der Diskussion, die er aber gegenüber den rede- und weltgewandteren Freunden immer verlor. Johann Herbecks Sohn schreibt in der Biographie seines Vaters:

Welche Energie Herbeck entwickeln mußte, welche Beredsamkeit er aufwenden mußte, um Bruckner zu einigen wohlgemeinten Strichen und Änderungen zu bewegen, ist unsagbar.

Um diesen bloßen Strichen zu entgehen, entschloß sich Bruckner zu Umarbeitungen, die wir heute als „spätere Fassungen“ bezeichnen. Wahrscheinlich ist sinnvoll, unter „Fassung“ jede von Bruckner eigenhändig abgeschlossene Herstellung eines Werkes in seinem Gesamtzusammenhang zu sehen. In der Konsequenz existieren demnach zwei Fassungen der Sinfonie Nr. 1 in c-Moll (WAB 101), verbal auseinandergehalten als „Linzer“ und „Wiener“ Fassung, zwei Fassungen der Sinfonie Nr. 2 in c-Moll (WAB 102), drei Fassungen der Sinfonie Nr. 3 in d-Moll (WAB 103), je zwei Fassungen der Sinfonien Nr. 4 (WAB 104) und Nr. 8 (WAB 108), während die Sinfonien Nr. 5 (WAB 105), Nr. 6 (WAB 106), Nr. 7 (WAB 107) und Nr. 9 (WAB 109) in jeweils nur einer Fassung vorliegen. Vom Adagio der Dritten Sinfonie gibt es, wenn man so will, eine 4. Fassung.

Unglücklicherweise prägte Bruckner selbst den Begriff „Verbesserung“. Damit wurden mit einem Schlag die ästhetischen Urteile über die Erstfassungen gefällt, sie zu Vorarbeiten erklärt und durch die späteren Fassungen gleichsam auch aufgehoben. Verbesserungen gibt es bei Bruckner auch, aber nur im Detail, was er mit dem Begriff „Durchsicht“ abdeckte. Heute ist es mehrheitliche Meinung der Wissenschafter, daß der Begriff „Verbesserungen“ falsch sei und durch den Begriff „Veränderungen“ ersetzt werden müßte. Auch wenn sich diese Meinung in der Praxis noch nicht durchgesetzt hat (wofür vermutlich Notenmaterial und Lernfaktoren des Orchesters und der Dirigenten verantwortlich sind), trifft der Begriff der Veränderung sogar dann, wenn er den ebenfalls häufig verwendeten Begriff „Anpassung“ abdeckt. Die Motivation dafür liegt zweifellos in Bruckners Sozialaufstieg, der auch das Aufgeführt-werden und den damit verbundenen Ruhm mit einschloß, wofür hohe Preise zu zahlen waren.

Es ist schwierig festzustellen, ob Bruckner seinen Freunden gegenüber unterschiedliche persönliche Einschätzungen und Zuneigungen besaß. Nach außen hin übte er jedenfalls jene Solidarität mit ihnen, die er von ihnen erwartete und wahrscheinlich auch erhielt. Sicher ist, daß ihm die Klavierfassungen der Brüder Schalk, Löwes und Co. als im Notfall akzeptierbar schienen, daß er aber alle Korrekturen von außen dann in Zweifel zog, wenn er an die Überlieferung für die Nachwelt dachte. So ist Bruckners Schenkung seiner Werke an die Österreichische Nationalbibliothek wahrscheinlich nicht nur ein Akt der Freundschaft und Dankbarkeit gegenüber seinem Land, sondern auch als letzter Notwehrakt für spätere Zeiten gegenüber der Notwendigkeit, daß andere als seine eigenen Niederschriften der Werke Gültigkeit für die Zukunft erlangen sollten, zu verstehen.

Andererseits ist auch denkbar, daß Bruckner doch vom Renommee und dem Ruf seiner Freunde wie der Interpreten beeindruckt war. Er, immer ausgesprochen autoritätsgläubig, war auch schließlich von den ersten Musikern der Zeit umgeben, Könnern ersten Ranges, die sich, wie es damals schien, einem fortschrittlichen Klangideal der Sprache Richard Wagners verschrieben hatten, die mit den berühmtesten Komponisten intim verkehrten und die jedenfalls ein Gewicht in der musikalischen Welt besaßen. Man könnte auch argumentieren, daß der Aspekt der Veränderung Brucknerschen sinfonischen Denkens unter dem Aspekt des Ausdrucks verschiedener Konzeptionen darzustellen wäre. Die Erstfassungen waren alle durchwegs informatorisch komplizierter, mannigfaltiger und „zerstückter" als die späteren Fassungen. Auch die Länge der

Erstfassungen leitet sich oft aus diesem Informationsreichtum her, weil Nebengedanken gelegentlich in Überleitungen Führungsqualität bekommen, damit Paralleles im umgekehrten Verfahren zur Linie entwickelt wird. In den Erstfassungen nimmt Bruckner wenig Rücksicht auf Spielweise und Orchestergewohnheiten, oft auch nicht auf die akustische Ökonomie, wenn beispielsweise obertonhaltige Geigentöne Flöten auslöschen oder schnelle Geigengriffe überhaupt nicht durchschlagend hörbar gemacht werden können. Bruckner strukturiert die ersten Fassungen ohne Rücksicht auf ihre spielpraktische Umsetzung im Orchester, entwirft sie gleichsam auf dem grünen Tisch, der von der Grundgestalt der vertrauten Klangwelt der Orgel geprägt ist und so etwas wie eine Darstellung des „reinen Satzes" beinhaltet.

Bruckner registriert die ersten Fassungen anders, und er schafft eine so häufige Periodizität, daß selbst befreundete Musiker wie Gustav Mahler von „Zerstücktheit" sprechen. Gustav Mahler besuchte ab 1878, während seiner Studienzeit am Wiener Konservatorium, zumindest zeitweilig Bruckners Theorieunterricht, wahrscheinlich auch dessen Vorlesungen an der Universität. Er fertigte eine Klavierfassung der Dritten Sinfonie an, die allerdings von anderen Brucknerfreunden wie etwa den Brüdern Schalk kritisiert wurde. Mahler setzte sich vor allem auch als Dirigent des *Te Deum* (Hamburg 1892) für seinen „hochverehrten Meister und Freund" ein, was ihn allerdings, gemäß dem Zeitgeist, nicht daran hinderte, die Brucknerschen Sinfonien seinen Vorstellungen entsprechend einzurichten. So kam 1899 eine gekürzte und mit instrumentalen Änderungen versehene Aufführung der Sechsten Sinfonie mit den Wiener

12 Die Stiftskirche in St. Florian

13 Anton Bruckner, Ölgemälde von Otto Robert Nowak

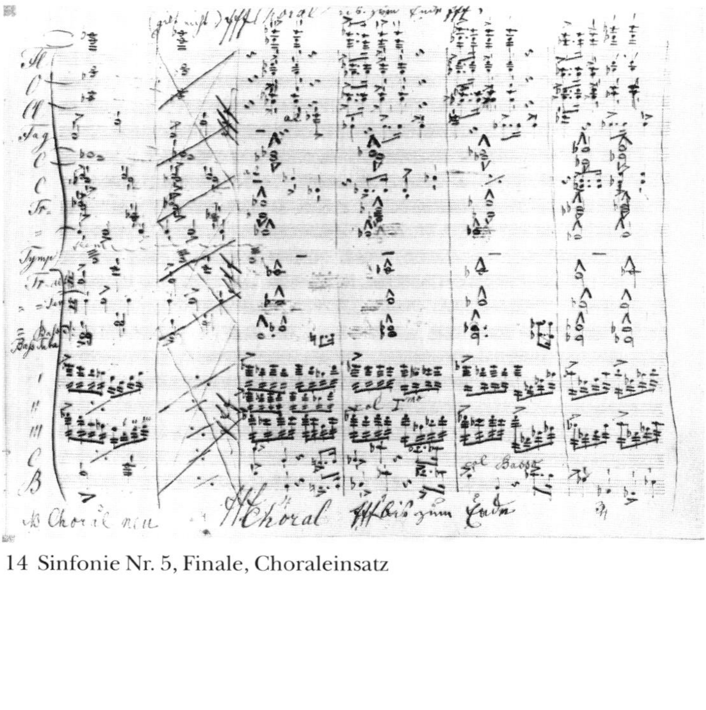

14 Sinfonie Nr. 5, Finale, Choraleinsatz

15 Messe in f-Moll, Beginn des Credo

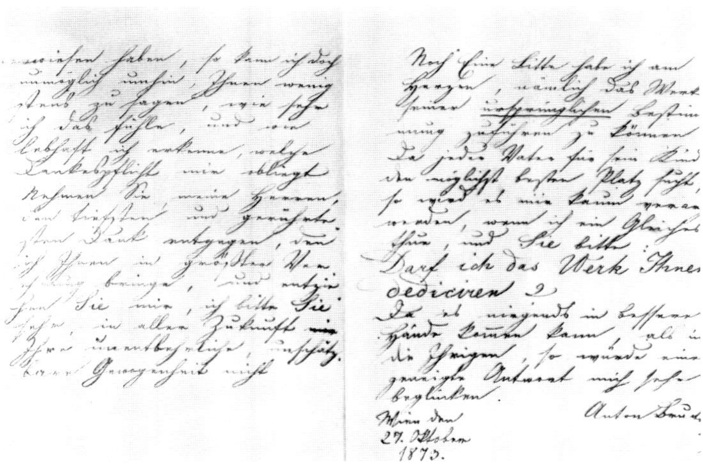
Noch Eine Bitte habe ich am Herzen, nämlich das Werk seiner ursprünglichen Bestimmung zuführen zu können. Da jeder Vater für sein Kind den möglichst besten Platz sucht, so wird es mir kaum verargt werden, wenn ich ein Gleiches thun, und Sie bitte: Darf ich das Werk Ihnen dedicieren? Da es nirgends in bessere Hände kommen kann, als in die Ihrigen, so würde eine geneigte Antwort mich höchst beglücken.

Anton Bruckner

Wien den 27. Oktober 1873.

16 Schluß eines Briefes an die Wiener Philharmoniker

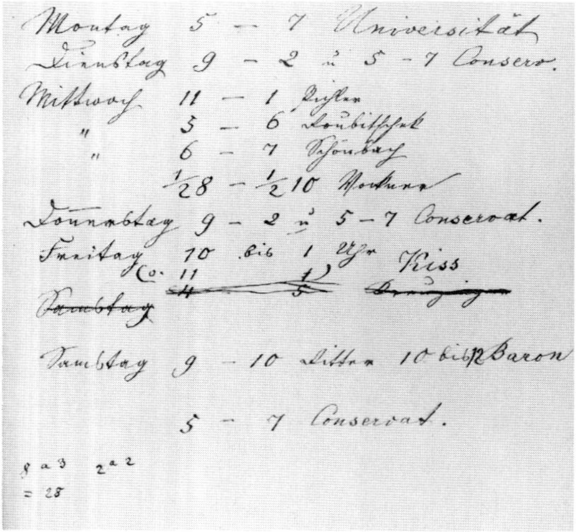

17 Stundenplan Bruckners aus dem Jahre 1877

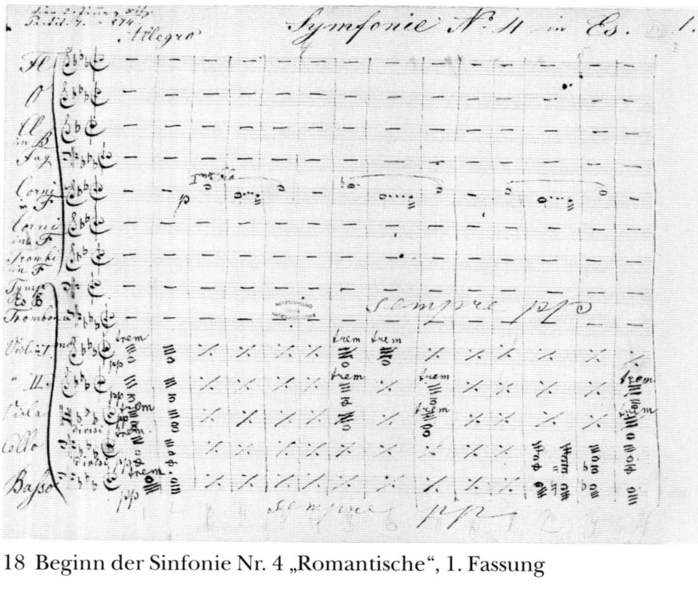

18 Beginn der Sinfonie Nr. 4 „Romantische“, 1. Fassung

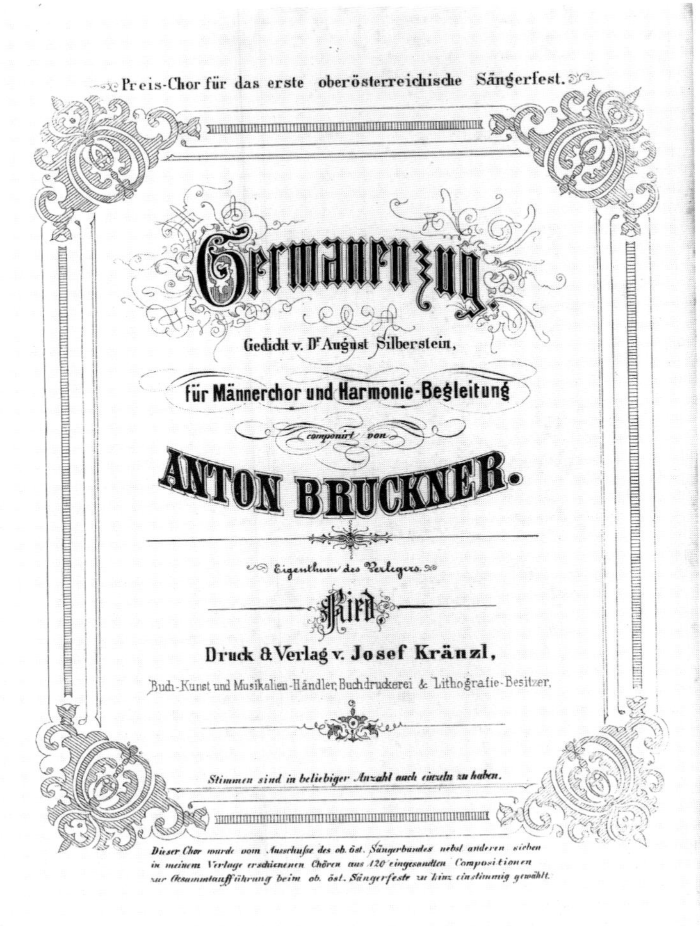
Preis-Chor für das erste oberösterreichische Sängerfest.

Germanenzug.

Gedicht v. Dr August Silberstein,

für Männerchor und Harmonie-Begleitung

componirt von

ANTON BRUCKNER.

Eigenthum des Verlegers.

Ried

Druck & Verlag v. Josef Kränzl,

Buch-Kunst und Musikalien-Händler, Buchdruckerei & Lithografie-Besitzer,

Stimmen sind in beliebiger Anzahl auch einzeln zu haben.

Dieser Chor wurde vom Ausschuße des ob. öst. Sängerbundes nebst anderen sieben in meinem Verlage erschienenen Chören aus 120 eingesandten Compositionen zur Gesammtaufführung beim ob. öst. Sängerfeste zu Linz einstimmig gewählt.

19 Titelseite des Erstdruckes von „Germanenzug“

20 Anton Bruckner und Eduard Hanslick

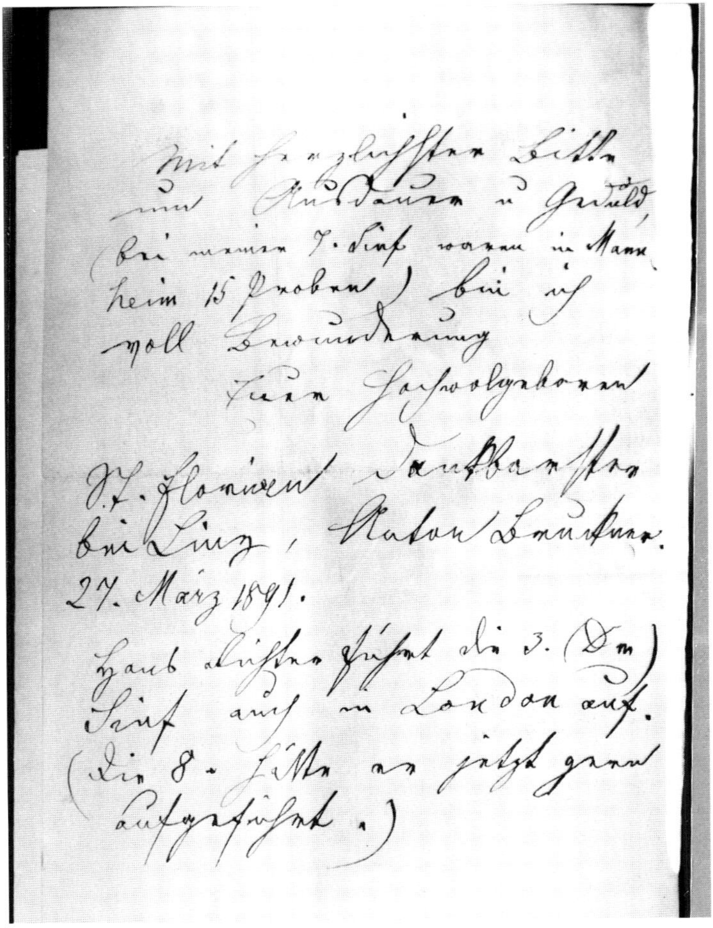

Mit herzlichster Bitte
um Ausdauer u. Geduld
(bei meiner 7. Sinf. waren in Mann-
heim 15 Proben) bin ich
voll Bewunderung
Herrn Hofcapellmeister

St. Florian dankbarster
bei Linz, Anton Bruckner.
27. März 1891.

Hans Richter führt die 3. (D m)
Sinf. auch in London auf.
(Die 8. hätte er jetzt gerne
aufgeführt.)

21 Brief Bruckners aus dem Jahre 1891

22 Bruckners Sarkophag in der Gruft des Stiftes St. Florian

Philharmonikern zustande. Und bei allem Respekt dürfte manchmal auch Gustav Mahler diese abrupten Unterbrechungen des Klanggeschehens in den ersten Fassungen nicht verstanden haben. Denn Bruckner konstruiert Ein- und Ausschwingvorgänge, hört dem Hall nach, entwickelt Raumvorstellungen, die er unvermittelt nebeneinanderstellt, und kümmert sich wenig um die durchgehende Verzahnung seiner Klangemanationen. Gerade die Aufgabe dieser Periodizität in den zweiten Fassungen, wo das Nebeneinander der einzelnen Gedanken mit Hilfe orchestraler Mittel wie decrescendo oder crescendo eingesetzter Hörner, Pedalinstrumenten, Pauken etc. aufgelöst wird, zeigt eine Art Gefälligkeit gegenüber dem Hörer, womit ihm die Radikalität der Architektur mit zeitgenössisch vertrauten Mitteln „versüßt" wird.

Die Erstfassungen sind zweifellos die direktesten, persönlichsten und von außen am wenigsten beeinflußten Varianten, die zweiten und späteren jene, die den Einfluß von außen, die Praktikabilität im Orchesterspiel, die Rezeption durch Kritiker und Freunde, die Annahme durch das Publikum mitreflektierten und sich auch danach ausrichteten. Bruckner veränderte die Metrik durch Ausgleich der Perioden und neue Regelungen von Phrasen zu Phrasen, von Abschnitt zu Abschnitt. Manchmal ändert er auch den Charakter einzelner Themen, hebt ihre Sperrigkeit auf, macht sie freundlicher. Er ersetzt die Leere von Klangräumen, die in den ersten Fassungen ein wichtiger Bestandteil der Architektur waren, durch Einfügung von Bauteilen, Nebenstimmen, abgeleiteten Hauptstimmen, Klanganreicherung, Verdichtung. Er versucht auch die Verhältnisse der Taktgruppen untereinander neu zu regulieren, sie zu simplifizieren, wenn man so will: neue Verhältnisse zu schaffen.

Diese Verhältnisse – und der Erfolg gibt ihm recht – sind für ein Publikum leichter verstehbar, wahrscheinlich auch heute noch, und entsprechen mehr jener Klischeevorstellung, die wir uns von Bruckner in Zusammenhang mit seiner Wagner-Nähe und der Abhebung von Johannes Brahms gemacht haben. Hatte Wagner sein Publikum mit einer neuen Art von Stimmungsmusik erreicht, so zog Johannes Brahms die Aufmerksamkeit der Welt mit einer alten Technik und einer neuen Melodie auf sich. Brahms schrieb ganz im Sinne der Wiener Klassik, nicht historistisch, sondern transformierte mit neuen Klängen und jenen großen Kantilenen, die das Publikum, und vor allem die Damen, in Entzücken versetzte. Diese weitgespannten Melodien, die Eleganz ihrer Schlüsse, die Struktur und die musikalisch komplizierte, aber im Hören klar wahrgenommene Gliederung erinnerte an die musikalischen Architekturen von Bach und Beethoven und bewies, daß auch der Diskurs der Töne untereinander im Geiste des klassischen Motivs hundert Jahre später noch möglich war. Diese Kleinteiligkeit der Form, diese Ziselierarbeit am musikalischen Material, diese Sensibilisierung der Melodie und ihre Reduzierung auf kleine Einheiten erfüllten die Ansprüche eines Eduard Hanslick in idealer Weise.

Bruckner hatte andere Ziele. Und letztlich verfolgte er sie unbeirrt, auch in den zweiten und späteren Fassungen, die sich eher an den Zeitgeschmack anpaßten. Wahrscheinlich ist die einzige Lösungsmöglichkeit für uns heute, die Fassungen als verschiedene Konzeptionen, jede für sich, zur Kenntnis zu nehmen und jener Schwierigkeiten zu gedenken, die Bruckner selbst in ihrer Erstellung hatte. Letztlich zahlte er, um erfolgreich aufgeführt zu werden und für sein Ziel, schon zu Lebzeiten zu hohem Ruhm zu gelangen, und für die Positionierung auf seiten der Wagnerschen Ästhetik, die realiter gar nicht zutreffend ist, einen hohen Preis. Nicht einmal, sondern öfter.

Die deutschnationale Vereinnahmung

Man könnte meinen, und vor allem in der amerikanischen Brucknerliteratur hält sich auch die These, daß erst der Nationalsozialismus Bruckner zum „deutschen" Komponisten gemacht habe, was Reichspropagandaminister Joseph Goebbels in seiner Rede zur Aufstellung der Bruckner-Büste in Walhalla lautstark bekräftigte. Aber: dem war nicht so. Goebbels wiederholte nichts anderes als jene Klischees, die bereits in den Nekrologen von 1896, für alle deutlich vernehmbar, zusammengefaßt worden waren. Diese Klischees waren auch keine plötzlichen Erfindungen, sondern sammelten ihrerseits immer unmißverständlicher werdende Äußerungen deutschnationaler Herkunft, die spätestens seit den sechziger Jahren in den Zeitungen und Zeitschriften mehr und mehr wurden.

Angefangen hatte diese Zuschreibung eines Deutschtums als spezifisches Volkstum viel früher, nämlich zu Beginn des 19. Jahrhunderts, als der Nationalismus erwachte und die bislang gedachten dynastischen Ordnungen entweder überhaupt sprengte oder zumindest gefährdete.

Tatsächlich ist das Denken in nationalen Kategorien ein

Resultat aus dem Zusammenbruch des Reichs- oder Dynastiegedankens, wie er mit dem Signal der Französischen Revolution mehr oder weniger schnell eine europäische Staatenordnung neu formulierte, wobei die intellektuelle Schützenhilfe, die Etablierung der Idee, von Philosophen, Ethnologen, Dichtern und anderen Künstlern von der Schwelle des 19. Jahrhunderts an bis zum Nation und Rasse einen-wollenden Nationalsozialismus getragen wurde. Der russische Philosoph Wladimir S. Malachov übersetzte die beiden Ansätze der alten Nationenformulierungen als spekulative Formulierung, indem der Nationalismus als Perversion des Nationalen einerseits aufträte und als Desavouierung, die jede Thematisierung des Nationalen als nationalismusschwanger, also einem ideologisch-politischen Auftrag unterworfen sah, damit aber letztlich eine Tabuisierung, Verschweigung oder Verdrängung hervorrief. Als Methode der Diskussionsführung über diesen heiklen und politisch schwer belasteten Begriff „Nation“ empfahl er, den Nationalismus einerseits als Diskurstyp zu verstehen, andererseits die außerdiskursive Seite des Nationalismus in Betracht zu ziehen.

Historisch gesehen mußten die neu entstehenden und sich neu formulierenden Nationalstaaten ab dem 19. Jahrhundert die Legitimation nicht nur für ihr Entstehen, sondern auch ihr Bestehen in vorgefundenen oder durch Kampf neu zu definierenden Grenzen suchen. Man tat dies auf Grund der Ermangelung der naturwissenschaftlich-technischen Grundlagen, die das Lebensbewußtsein des 20. Jahrhunderts prägten, mit den Mitteln der Philosophie und der Ästhetik, vor allem aber der Künste. Auch sie hatten am Ende des 18. Jahrhunderts ihre Legitimation als

Repräsentanzinstrumente ihrer Auftraggeber eingebüßt, waren damit in Richtung Autonomie gerückt und brauchten für ihre Herstellung andere, neue Legitimationsverfahren.

Ab den 1870er Jahren eskaliert auch die Situation in der Habsburgermonarchie. Es gibt starke nationale Bestrebungen innerhalb jener 18 Völker des Reiches, die das Kaiserhaus immer als gleichwertig und niemals als Minderheiten verstanden hatte, vor allem im balkanischen Raum. Die Rolle des Zusammenhalts durch die politische kaiserliche Führung war schon längst von den erstarkten liberalen Kräften geschwächt worden und hatte als einzigen Verbündeten den ebenfalls immer schwächer werdenden Einfluß der Kirche.

Ein Aspekt deren Schwäche war nun, daß sie vertraglich derart eng an das Kaiserhaus gebunden war, daß fast von einer katholischen Nationalkirche zu sprechen wäre, die ihrerseits wieder auf die Stoßkraft der Weltkirche verzichten mußte. Das bedeutete automatisch ein nicht immer friktionsfreies Verhältnis zu Rom, das der Kaiser durch die Durchsetzung seiner Standpunkte, die bis zum Veto reichten, fallweise belasten mußte.

Der erstarkende deutsche Reichsgedanke gab andererseits wieder der deutschsprachigen österreichischen Minderheit, die sich auf ein relativ kleines Territorium (kleiner als das heutige Österreich) beschränkte, Mut. Irgendwo war im Hinterkopf die Stärkung des deutschen Elements in Österreich durch die wirklichen Deutschen in einer Art Anschluß Österreichs an Deutschland verankert. Daß diese Verankerung auch politische Wirklichkeit wurde, beweist das Bündnis zwischen Österreich und dem Deutschen

Reich, das 1879 geschlossen wurde und erst mit der Katastrophe von 1918 zerbrach.

Im Vorfeld dieses Bündnisses und auch als unmittelbare Konsequenz hatten sich eine Reihe von Vereinen konstituiert, dessen prominentester wohl der 1882 unter Führung Georg Schönerers etablierte „Deutschnationale Verein" war. Auch jene großen staatstragenden Parteien, die ab der Republikwerdung 1918 bis heute Österreichs Geschicke lenken, lagen im Sog des Deutschtums. 1887 wurde die Christlich-Soziale Partei gegründet, mit einem starken katholischen Schwerpunkt, und auch die 1868 gegründete Sozialdemokratische Partei, die ab 1888/89 mit dem Parteitag von Hainfeld ihr Programm formuliert hatte, trug den Anschlußgedanken vor sich her. Der Parteiführer Victor Adler artikulierte dies so:

Vom Staate Österreich spreche ich nur als von der uns gegenwärtig aufgedrängten oder existierenden unabweislichen Form, in der wir eben leben müssen; aber das, was unsere wirkliche Empfindung ist, das ist das Schicksal des deutschen Volkes.

Ab den 1890er Jahren sprach man offen vom Anschluß, und zwei Jahre nach Bruckners Tod ist er Inhalt einer diplomatischen Note. Der deutsche Botschafter in Wien 1898:

Die Überzeugung, daß in Zukunft nur der staatliche Anschluß an das übrige, an der Spitze der Zivilisation schreitende Deutschland den Bedürfnissen der 9 Millionen Deutschösterreichs Genüge leisten kann, gewinnt, selbst in gemäßigteren Kreisen, täglich mehr an Boden. Nur dieser Anschluß und die Mitwirkung der ganzen deutschen Nation können, nach der Ansicht der meisten denkenden Politiker, die Errichtung des tschechischen Staates und den Untergang des Deutschtums in Österreich verhindern.

Letztlich hielt diese Ideologie mit wechselnden Stärken bis zur Zerschlagung des Deutschen Reiches 1945 und war zweifellos hauptverantwortlich für den formal erzwungenen, vom Volk aber freudig vollzogenen Eintritt in den Nationalsozialismus.

Bruckner, den Politik und Geschichte, zumindest die seines eigenen Umfelds, nur dann interessierten, wenn sie für ihn von Nutzen oder Vorteil waren, hat zweifellos keinen (zumindest bewußten) Anteil an der Deutschnationalisierung seiner Musik. Aber – er entging ihr nicht, wofür mehrere Ursache ausschlaggebend waren:

Es war merkwürdigerweise der universitäre Kontext, den er so hartnäckig in seiner Karriereleiter verfolgt hatte, und in diesem Zusammenhang nicht die Verbindung mit den etablierten Funktionären, sondern die Nähe zur studentischen Jugend. Bruckners Jünger, die er seine „Herren Gaudeamus" nannte und die ihn als Hort des Fortschritts gegenüber der etablierten musikalischen Welt sahen, waren längst in das deutschnationale Lager abgedriftet. Diese Tendenz hatte mit der Revolution von 1848 begonnen, die im wesentlichen auch von deutschnationalen Studentengruppen getragen wurde. Der nationale Aspekt war eine Widerstandsform gegen den transnationalen Vielvölkerstaat der österreichischen Monarchie, eine Widerstandsform, die zunehmend stärker und stärker wurde, deren Träger einerseits den langen Marsch durch die Institutionen antraten, andererseits sich in strategischen Zirkeln vereinten, die punktuell, wann immer es möglich war, ihre Interessen durchsetzten. Eine Gruppe dieser dichtgewebten Gesellschaftsformationen stellten die „Verbindungen" dar, die zwar differenzierte Ziele verfolgten, deren deutschnationaler Zweig aber immer mehr zu einer nicht zu unterschätzenden Kraft wurde.

Daß dieser Jugendformation der ästhetische Inhalt relativ gleichgültig war, ist daraus ersichtlich, daß ursprünglich Johannes Brahms als national-musikalische Leitfigur ausersehen war, dieser auch in einem Konzert des Wiener Akademischen Gesangsvereins 1867 mitgewirkt und am 6. März 1869 zum Ehrenmitglied ernannt worden war, sich aber bald aus dieser Rolle zurückgezogen hatte. Was man brauchte, war eine Leitfigur, und dann war eben der nächstberühmtere Anton Bruckner an der Reihe.

Der Wiener Akademische Gesangsverein war tatsächlich eine repräsentative Vorfeldorganisation der studentischen Jugend. 1858 aus einer Juristen-Liedertafel, die sich zur Pflege des deutschen Gesanges zusammengefunden hatte, hervorgegangen, schien er zunächst unpolitischer Natur. Aber sowohl seine Mitglieder, die sich wesentlich aus Verbindungsstudenten rekrutierten, als auch die Intention, den deutschsprachigen mehrstimmigen Männergesang zu pflegen, deuten auf eine nationale Stoßrichtung. 1861 hatte man bereits ein Gesuch um die Errichtung einer Lehrkanzel für praktische Musik eingereicht, was die These untermauert, daß man über unwissenschaftliche stimmungsgetragene Ästhetik, die allen Angehörigen der Universität zugänglich sein sollte, die Etablierung der Ideologie vorantreiben wollte. Chormeister war Rudolf Weinwurm, ein guter Freund Bruckners seit Linzer Zeiten und selbst ein Opfer der Radikalität. Denn im Wintersemester 1887/88 trat er deswegen zurück, weil es den Antisemiten innerhalb des Vereins analog wie beim Ersten Wiener Turnverein gelang, die Mehrheit zu erreichen und *conse-*

quent jedem Aufnahmswerber jüdischer Confession den Eintritt zu verweigern.

Das alles geschah nicht im Verborgenen, sondern in der Öffentlichkeit, und wurde in den Medien kommentiert:

Nun sucht der Verein einen neuen Chormeister, der in erster Linie Antisemit und dann erst Musiker zu sein hat. (Wiener Sonn- und Montagszeitung, 7. 11. 1887)

Wie sehr dieser Deutschnationalismus aber auch schon die Führungskräfte der Universität befallen hatte, geht daraus hervor, daß der Verein bestätigt wurde und noch radikaler als bisher diesem Nationalismus frönte. Jener August Göllerich, der als der große Bruckner-Biograph in die Geschichte eingehen sollte, formulierte:

Auch bitten wir den uns ehrlich werthen ‚Akademischen' um ein echt nationales, kerndeutsches Programm! Oder will er, der zu großen Zielen berufen, mit reichem Können gerüstet ist, wirklich die Gründung eines ‚deutschen Akademischen' zur Nothwendigkeit machen? Sie liegt ja ohnedies schon lange in der Luft! Wir glauben, es wäre besser, er selbst stelle das nationale Element in den Vordergrund und ließe Tschechen und Juden fahren! Diesem reinen Gedeihen, diesem einzig gesunden Wachsthume unsere aufrichtigen Wünsche immerdar! (Deutsches Volksblatt, 19. 4. 1889)

Bruckner war schon in der Linzer Zeit mit dem Wiener Akademischen Gesangsverein in Kontakt getreten. 1865 hatte Rudolf Weinwurm mit seinem Chor *Germania* bei dem oberösterreichisch-salzburgischen Sängerbundfest den ersten Preis errungen. Der zweite Preis fiel damals dem *Germanenzug* Anton Bruckners zu. Der Wiener Akademische Gesangsverein hatte den *Germanenzug* (WAB 70) 1876 zur Wiener Erstaufführung gebracht und fortan als Repräsentationskomposition gepflegt. Das *Tafellied* (WAB 86) und *Trösterin Musik* (WAB 88) wurden durch den Verein uraufgeführt, *Das hohe Lied* (WAB 74) ist dem Verein gewidmet, und *Das deutsche Lied* (WAB 63), eigentlich für das Erste deutsch-akademische Sängerfest in Salzburg 1892 geschrieben, war jedenfalls extrem beliebt und immer wieder in der Presse gegen eine gleichbenannte jüdisch-tschechische „Composition" ausgespielt worden.

1889 sollte Anton Bruckner in Anerkennung *der großen Verdienste um die deutsche Kunst* zum Ehrenmitglied ernannt werden. Im Gegensatz zu Brahms intensivierte Bruckner noch seine Kontakte, vermutlich auch, weil er aus ihnen Nutzen ziehen wollte. Damit war er der „deutsche Meister", das österreichische Gegenstück zu Richard Wagner geworden. Der anläßlich der Verleihung des Ehrendoktorates 1891 veranstaltete „Bruckner-Commers" wurde denn zum großangelegten Fest, *an welchem sich die gesamte deutschfühlende Studentenschaft der Wiener Hochschulen beteiligte,* das in der Presse nur mit dem *Wagner- und Luther-Kommerse des Jahres 1883* vergleichbar war. Bruckner als Held einer nationalen Kundgebung.

Er sah nicht oder wollte nicht sehen, wozu er diente, und artikulierte seine Sympathie so:

Seit dem Jahre 1875, wo ich an die Universität berufen worden bin, habe ich mich mit den akademischen Bürgern, der akademischen Jugend, die ich so liebe und verehre, gut vertragen. Mir ist nicht bang, Sie, meine Herren, werden sich meiner hinterlassenen Kinder annehmen, wenn ich nicht mehr lebe. Und Sie haben mich auch immer unterstützt und verehrt, soll er in einer Vorlesung 1894 gesagt haben.

Diese Verbundenheit galt bis in den Tod, der mit einem „Trauer-Commers" gefeiert wurde.

Bruckners Beliebtheit bei den Studenten mag zweifellos mehrere Ursachen gehabt haben, die sich auf die musikalische Anschauung, auf die Auflehnung gegen die eigenen Lehrer, auf den „Märtyrer" der Gesellschaft, auf den Sozialaufsteiger beziehen könnten. Der Deutschnationalismus und Antisemitismus bediente sich zunehmend aller Motive, derer er habhaft werden konnte.

Während der Wiener Akademische Gesangsverein für Bruckners Sinfonien naturgemäß weniger wirksam eintreten konnte, spielte die zunehmende Deutschnationalisierung in der Presse eine wichtige Rolle als Propagator des Brucknerschen Werkes. Dies hängt zweifellos mit dem Kulturkampf zwischen Wagnerianern und Brahminen zusammen, der folgerichtig zum politischen Kampf zwischen Deutschnationalen und allen anderen politischen Interessengruppen ausartete. Denn im Lager der Brahminen sammelten sich nicht nur die Anhänger des Hauses Habsburg, die Konservativen, die Gebildeten, die jüdische Klientel, die Intellektuellen und das Establishment, sondern auch viele Randgruppen, die – gleichgültig aus welchen Gründen immer – nicht mit den Deutschnationalen sympathisieren wollten. Ihr Wortführer war Eduard Hanslick, der von heute aus gesehen sehr genau die politische Entwicklung korrelierte. In der Heiligabendpresse des Jahres 1890 ist die Situation in Wien exakt beschrieben:

Bevor der Weihnachtsfriede sich auf die Claviere niedersenkte und eine wohlthätige Feierstille über alle Concertsäle breitete, entzündeten die Philharmoniker durch die Aufführung einer Bruckner-Symphonie noch einen hitzigen Kampf und brachten die musikalischen Gemüther in Wallung. Die Lärmscenen, welche die kläffende Beifalls-Meute in Stehparterre des Musikvereinssaales nach jedem Satz der Symphonie provocirte, spotten aller Beschreibung. Das ist wahrlich nicht die Art, einen Meister zu feiern. Wurden die Symphonien Bruckner's früher todtgeschwiegen, so werden sie jetzt todtgebrüllt. Der conservativen Kritik hat Anton Bruckner stets zum Hohn und Spott gedient. So gerieth er in die Hände politischer Parteigänger, welche auf allen Gebieten sich des „verlassenen Mannes" anzunehmen pflegen, um ihn schließlich gänzlich zu discreditiren. Dieses Schicksal droht dem verlassenen Symphonie-Mann, wenn die Aufführungen seiner Schöpfungen weiter unsere Concertsäle auf den wüsten Ton gewisser Wählerversammlungen stimmen werden.

Inzwischen sprach man unverblümt aus, was man meinte. Die deutschnationale Tendenz war hoffähig geworden. In der Besprechung der *Ostdeutschen Rundschau* vom 21. Dezember 1890 bringt es Josef Stolzing auf den Punkt:

Die Symphonie ist eine durchaus deutsche Schöpfung, in ihr legte der Deutsche das lautere Gold seines Geistes nieder zu einer Zeit, wo seine Muttersprache verrohte, seine Fürsten sich ausschließlich des französischen Idioms bedienten. Der träumerische, melancholische Charakter des germanischen Volkes konnte sich in einer Kunst am besten kundgeben, die – um mit Wagner zu sprechen – das Witzloseste ist. Was die ekelhafte moderne Gesellschaft an deutschem Wesen nicht verfälscht hatte, das ist es, welches uns mit so ungeheuerer Gewalt erfaßt und fesselt, wenn deutsche Musik ertönt. Es ist ein „Wachauf-Ruf", der uns aus dem Taumel aufschreckt, in dem wir dahinleben, ein Weckruf, der den Korybantenlärm unserer Börsen und Synagogen, Fabriken und Eisenbahnen, Operetten und Naturalisten durchdringt. [...] *Der große deutsche Meister ist als Mensch naiv und liebenswürdig, sein innerstes Wesen wird so wenig von dem Einfluß jüdischer Elemente berührt, daß er sogar mit Juden oder doch Judenstämmlingen in freundschaftlicher*

Weise verkehrt. Auch hat er kein „Judenthum in der Musik", kein „Modern", kein „Erkenne dich selbst" auf dem Gewissen! – Anton Bruckner wurde von dem Zeitpunkte an so befehdet, als er seine vierte Symphonie dem Meister Richard Wagner widmete. Und wehe denen in der Ostmark, die sich als Vollblut-Wagnerianer, wie Wolzogen so trefflich dieselben nennt, bekennen! Erlebt doch der akademische Wagnerverein genug Angriffe, obgleich er alle Jene ausgeschieden hatte, die den Vorstand daran in zarter oder grober Weise erinnerten, daß Wagner bis an sein Lebensende Antisemit war.

„Wenn Niemand Ihre Werke aufführt, so werde ich es thun", hat sich Richard Wagner gegen Bruckner geäußert. Doch der größte deutsche Künstler hatte zu früh für die deutsche Kunst die Augen geschlossen; die Kritik aber brach über Bruckner den Stab. Seine Liebe und Verehrung für Wagner gab den Feinden jedes wahren deutschen Mannes die Waffe in die Hand, mit der sie ihn ebenso bekämpften wie Wagner.

„Ich verachte die Presse", äußerte sich Wagner einstmals bei einer Probe in der Wiener Oper, und leider fehlt Bruckner der Muth, dasselbe zu tun und ordentlich dreinzuschlagen. [...]

Diese Terminologie, an Richard Wagners Sprache geschult und von einem immer größer werdenden Chor angestimmt, sollte mindestens 70 Jahre währen und fand ihre literarische Konzentration in den Nekrologen. Superlative, Religionsmystik, Militarisierungsmetaphorik sind Konstitutiva der deutschnationalen bis faschistischen Geisteshaltung.

Es ist schwierig nachzuweisen, aber die Interpretation von Bruckners Musik, sei sie verbal in Programmen vorgegeben oder musikalisch vor allem in den späteren Fassungen niedergelegt, hatte es noch leichter gemacht, ihn als Wagner-nahen, gefühlsbezogenen, pathosorientierten Verkünder eines nicht ohne weiteres logisch faßbaren kruden Weltverständnisses zu sehen. Der Nationalsozialismus als radikale Durchsetzungsmaschinerie ihm adäquater Ästhetik benutzte diese undementierte Nähe zur rücksichtslosen Vereinnahmung. Und erst die Kenntnis von den ersten Fassungen, die Aufführungen derselben oder auch nur die Beschäftigung mit ihnen machten es auch den musikalischen Interpreten möglich, diese Nähe kritisch zu sichten, andere Vorstellungen entgegenzustellen und damit Bruckner aus jener Geiselhaft zu befreien, die er sich schon auch durch fehlenden Widerstand und fragwürdige Vertonungen eingebrockt hatte.

Neben *Germanenzug* (WAB 70), der erst im Laufe der historischen Entwicklung immer stärker deutschnational apostrophiert wurde, war *Helgoland* für Männerchor und Orchester (WAB 71), das zum 50jährigen Jubiläum des Wiener Männergesangsvereins entstand, die zweite unmißverständliche Komposition. Könnte man im *Germanenzug* möglicherweise noch national-liberale Züge herauslesen (der Sieg über die Römer als Stärkung des österreichischen Patriotismus), ist *Helgoland* unmißverständlich. Der Text, vom Gelegenheitsdichter August Silberstein verfaßt, ist eine grausige Mischung aus Geschichtsfälschung und Chauvinismus. Es geht um den Sieg einer kleinen sächsischen Volksgruppe über die aggressiven Römer, also den Triumph des Germanentums über die Kulturnation im Süden. Aktuell war das Thema 1859 und 1866, als sich Österreich erfolglos gegen die italienischen Einheitsbestrebungen unter der Führung König Victor Emanuels von Piemont-Sardinien zur Wehr setzen mußte. Auch Herbeck hatte damals zwei kräftige Kriegslieder gegen den alten Erbfeind beigesteuert. Die Diskrepanz zwischen den öffentlichen Vertretern des Deutschnationalismus und der katholischen Kirche wurde auch zunehmend heftiger, weil die Kirche eher als Repräsentant der Internationalität galt und keinen nationalen Partikularismus in ihren Reihen dulden wollte. Bruckner mußte also rein ideologisch in schwere Konflikte gekommen sein.

Musikalisch kümmerte er sich darum gar nicht, sondern versuchte in seiner Musik wie immer Tradition und Fortschritt zu verbinden, unter anderem dadurch, daß er sogar noch beim Druck versuchte, das Werk ausdrücklich als „Symphonischen Chor" zu bezeichnen. Damit wollte er aus dem üblichen Genre der Männerchöre ausbrechen, wo meistens *das Unbedeutende, Anspruchslose, im besten Falle Muntere und Wohlklingende doch immer die Oberhand behielt.*

Es wäre ihm zweifellos gelungen, ginge es nur nach der musikalischen Struktur, und könnte möglicherweise doch als Ansatz einer neuen Überlegung, was denn so ein Männerchor zu leisten hätte, gesehen werden. Der Text allerdings dementiert das Bemühen, und Bruckners fehlende Intellektualität, was die Literatur betrifft, machte sich auch an diesem Werk bemerkbar. Er war weder für literarische Produktion noch für ihre Rezeption begabt und hatte sich auch nicht mit Literatur beschäftigt, selbst mit dem literarischen Drama nicht. Alles, was er in der Oper mitbekam, schlug sich in einer Art theatralischer Musik nieder. Daher fehlte ihm jedwede literarische Urteilskraft. Trotz allem, was er in seinem Sozialaufstieg erlebt hatte, trotz der Wiener Zeit – seine Literaturgrundlagen hatten sich nicht geändert, Gymnasialprofessoren blieben die Texter oder eben jener August Silberstein, der auch 1865 den *Germa-*

nenzug konstruiert hatte, August Silberstein, jener Regimentsarzt aus Salzburg, der der Deutschtümelei frönte und auf den Spuren des Richard Wagner wandelte, ohne dessen raffinierte Textmodelle zu begreifen, und einem Patriotismus huldigte, der auf ein Deutschösterreich ausgerichtet war, weit weg von der habsburgischen Heimat.

Bruckner fehlte der Widerstand gegenüber diesem Deutschnationalismus auch, weil er es geschafft hatte, mit eiserner Disziplin und der ihm eigenen Strebsamkeit sein Leben lang der deutschsprachigen Literatur als Ausdrucksweise zu entkommen und seine ureigensten Gedanken allein der erprobten lateinischen Diktion anzuvertrauen oder in die wortlose Dimension der sinfonischen Musik zu pressen. Dies wäre nicht möglich gewesen, hätte er nicht jedwedes theatralische Gespür vermissen lassen und auch die gründliche Beschäftigung mit der geistigen Struktur eines Textes, der über einen bloßen Stimmungsschwall hinausreichte.

Tatsächlich würden Einzelanalysen der deutschen Textvertonungen auch zahlreiche Fehler, Irrtümer und Verstöße gegen die Sprachstruktur nachweisen, ein „Komponieren gegen den Text", ohne es zu wissen, oder vielleicht auch in sensiblem Verspüren die Mißachtung textlicher Strukturen, die ohnehin nichts bedeuten konnten. Uns fehlen – anders als bei Mozart und Beethoven – die genauen Angaben über den Buchbestand des Bruckner-Nachlasses. Ich bin sicher, daß Literatur als Kunstform, wenn überhaupt, darin den geringsten Anteil ausmachte. Geografie, historische Romane und religiöse Texte verdrängten alles übrige aus dem ohnehin spärlichen Lesestoff. An Verbalinformationen hatte Bruckner mit Zeitungen, Briefen,

Tratsch und Wirtshausgesprächen genug. Er brauchte nicht mehr, so scheint es, für das, was er musikalisch ausdrücken wollte. Das künden auch die überlieferten Programme zu seinen Sinfonien, die weder in ihrem dramatischen noch formalen Gehalt auch nur im mindesten an die Qualität der Musik reichen. Bruckners Ausdrucksweise war die klangliche Dimension eines vermutlich gedachten, aber nicht literarisch bedingten Inhalts. Dies unterscheidet ihn nachgewiesenermaßen von Schubert, Brahms, Schumann, Mahler und selbst seinem verehrten Lehrmeister im Klanggefüge: Richard Wagner.

Tod auf dem Gipfel des Ruhms

1887, als Bruckner den dritten Schaffensschub (1880-1887) mit der Erstfassung seiner Achten Sinfonie abschloß und damit in seiner unmittelbarsten Nähe – den Freunden und Interpreten – scheiterte, stellt eine Zäsur in seinem Leben dar. Er hat, ganz sicher aus sentimentalen Gründen, die Vorstellung, neun Sinfonien schreiben zu müssen, aber seine Kraft ist zu Ende. Er hat zweifellos viel erreicht, die Höhen der Positionen, die Wien vergeben kann, er ist hochprominent, man diskutiert über seine Arbeit, er ist sogar zum öffentlichen Streitfall geworden. Aber: er spürt das Alter, den Verschleiß, zahlt mit häufiger werdenden Erschöpfungszuständen für den Raubbau, den er physisch wie psychisch lange Jahre mit sich getrieben hat.

1887 registriert Bruckner überhaupt keine wichtigen Ereignisse mehr, das Jahr 1888 verläuft wie gewohnt mit Aufenthalten in Klosterneuburg (wo er seine neue geistliche Heimat gefunden hat), in Heiligenkreuz, Bayreuth, St. Florian, Steyr, Ischl und Kremsmünster. Die Arbeit ist Alltag, die Eifersucht auf Brahms inzwischen Gewohnheit, die Verliebtheiten starten wie üblich mit dem Anblick hübscher weiblicher Wesen, das Lehrerdasein läuft im gewohnten Trott.

Man hat ihn auch in die Rolle des Brahms-Antipoden gedrängt – vor allem seine Anhänger und jene Richard

Wagners –, wobei die Differenzierung zum Deutschnationalismus schwerfällt. Aber auffallend ist, daß nach dem Tode Wagners 1883 der Konflikt mit Brahms sich verschärft und, ob sie es wollten oder nicht, auch von den beiden Antipoden kaum gedämpft wird. Sie hatten eine unterschiedliche Sozialisation, ein unterschiedliches Menschenbild und eine unterschiedliche Vorstellung von Musik.

Brahms nennt Bruckner einen *armen, verrückten Mensch[en], den die Pfaffen von St. Florian auf dem Gewissen haben* (1885), und bezeichnet seine Werke als *Schwindel, der in 1-2 Jahren tot und vergessen sein wird.* (Allerdings muß man bedenken, daß Brahms auch von Liszts Oratorien *Die Legende von der hl. Elisabeth* und *Christus* von einem „Schwindel" sprach. Dieser Terminus kam ihm offensichtlich schnell über die Lippen und zeigt auch das völlige Nichtverstehen einer anderen musikalischen Logik als seiner eigenen.)

Bruckner beklagt sich eher indirekt über ihn, zumindest ist das aus den Quellen ersichtlich. Allerdings soll er gerade in seinen Vorlesungen und Lehrstunden sehr oft zu aktuellen Fragen Stellung genommen haben und – glaubt man analogen überlieferten Äußerungen – dann sicher nicht in schmeichelhaftem Ton.

Andererseits, und auch dies ist klar aus den wenigen schriftlichen Äußerungen abzulesen, hat Bruckner Respekt vor Brahms. Er ist nicht nur auch ein bekannter Sinfoniker, sondern, nebenbei bemerkt, hoch oben in der Hierarchie des Wiener Musiklebens, und er hat eine Reihe von musikalisch hochgebildeten Kritikerfreunden, die seine Position wirksam vertreten. Außerdem zählt er zum Direktorium der Gesellschaft der Musikfreunde, jener Institution, der sich auch Bruckner verpflichtet fühlt. Wahrscheinlich ist im Zusammenhang damit das einzige persönliche absichtliche Treffen Bruckners mit Brahms im „Roten Igel“ am 25. Oktober 1889 zu sehen.

Bruckner läßt auch nicht ab, sich zu bewerben, aber diesmal vermutlich eher aus Kompensations- denn aus anderen Gründen. So beispielsweise um eine Stelle am Burgtheater, für die er sicher nicht geeignet gewesen wäre, als Ausgleich zur Belastung durch seine Lehrtätigkeit am Konservatorium. Er setzt seine aus Krankheitsgründen ausgesprochene Beurlaubung vom Dienst am Konservatorium durch, bekommt eine Ehrenrente des Oberösterreichischen Landtages und die Garantie für eine Jahresrente von 1000 Gulden, die von einem Freunde und Gönner umfassenden „Consortium“ zusammengetragen wird.

1891 wird Bruckner zum Ehrenmitglied der Gesellschaft der Musikfreunde gewählt, was ohne Zustimmung Brahms' gar nicht möglich gewesen wäre, dann endlich als Konservatoriumsprofessor pensioniert, und ein Jahr später wird er auch vom Hofkapelldienst freigestellt. An der Universität sollte er noch bis 12. September 1894 wirken, wo er dann allerdings eine Pension von 1200 Gulden sowie 600 Gulden als Ehrensold des Kultusministeriums erhält.

Auch seine Werke sind erfolgreich: die 3. Fassung der Dritten Sinfonie ist ein Triumph, den Eduard Hanslick ausdrücklich bestätigt (*ein Jubel, in welchen einzustimmen mir unmöglich ist,* so schreibt er), im Mai 1891 wird in Berlin erfolgreich das *Te Deum* aufgeführt und Bruckners – vermeintlich – größter Triumph: am 7. November des gleichen Jahres bekommt er das Ehrendoktorat der Wiener Universität. Er sieht das als eine wissenschaftliche Ehrung seiner Leistungen auf theoretisch-wissenschaftlichem Gebiet, was es der Papierform nach sicher nicht war. Denn Hanslick als Theoriefachmann hatte sich für unzuständig erklärt, und so gab es Gutachten der Musiker Joseph Hellmesberger und Hermann Levi. Letzerer argumentiert: Bruckner sei der bedeutendste Sinfoniker der nachbeethovenschen Periode, er habe internationalen Erfolg, sei *Musikgelehrter und Contrapunktist* und habe auch als Lehrer *eine segensreiche, von zahlreichen Schülern gepriesene Thätigkeit entfaltet.* Und: *Die erste Universität Österreichs würde einen Akt der Gerechtigkeit ausüben, wenn sie Bruckner vor allen anderen Künstlern auszeichnen und ihm die Würde eines Ehrendoktors übertragen würde.* Zum üblichen „Commers“ nach der Verleihung erschienen 3.000 (!) Personen. Bruckner dankte mit der Widmung der 2. Fassung seiner Ersten Sinfonie.

Jetzt gab es auch verlegerische Konsequenzen: Im Juli 1892 schließt Bruckner einen Vertrag mit dem Wiener Verlagshaus Josef Eberle & Co. über die Sinfonien 1, 2, 5, 6, die Messen in e- und f-Moll, den 150. Psalm sowie einige Chorkompositionen. Die Achte Sinfonie erscheint im selben Jahr bei Lienau in Berlin. Die Dritte und Siebente Sinfonie sowie das Streichquintett waren ja schon in den achtziger Jahren vorgelegt, sodaß, wer will, sich nun einen relativ guten Überblick über die Kompositionen Bruckners verschaffen kann.

Auch der 70. Geburtstag (1894) bringt eine Reihe von Jubiläumsveranstaltungen: die Siebente mit der Berliner Hofkapelle unter Karl Muck, das *Te Deum* in Berlin. In Paris wird die Dritte mit den Orchestre Lamoureux, in Graz wird die Fünfte Sinfonie uraufgeführt. Am 11. Juli ernennt ihn die Stadt Linz zu ihrem Ehrenbürger. Zum 70. Geburtstag, den Bruckner am 24. September relativ zurückgezogen in

Steyr begeht, reagiert die Presse mit Leitartikeln. Der Wiener Tonkünstlerverein (mit Johannes Brahms im Ausschuß) reagiert mit größter Verehrung und Hochachtung und dergleichen die Presse, deren Texte sich nicht mehr sehr von späteren Nekrologen unterscheiden sollten.

Bruckners Gesundheitszustand verläuft sinuskurvenartig. Nach Tiefs (die ihn nach den Sterbesakramenten rufen lassen, die er auch zweimal erhält, aber gerade dann nicht, als er tatsächlich sterben sollte) folgen Höhen, wie zu Weihnachten 1894, als er im Stift St. Florian zum letzten Mal die Orgel spielt. Seine Handschrift wird schwächer, die Briefe unzusammenhängender, nur die Gesuche und Dokumente verraten den alten Kanon: die Formelhaftigkeit, in der Jugend geübt, hat ihr Versprechen bis zum Tode gehalten.

Seit 1895 tragen manche Kalenderaufzeichnungen die Schrift des Schüler-Sekretärs Anton Meißner, er beantwortet teilweise auch Briefe, was darauf schließen läßt, daß mit einer Gesundung Bruckners nicht mehr zu rechnen war. Bruckner zieht noch einmal um, am 4. Juli 1895 in eine 9-Zimmer-Wohnung im „Kustodenstöckl“ des Belvedere, wo er von seiner Haushälterin Kathi, Anton Meißner und den drei behandelnden Ärzten, Prof. Schrötter, Dr. Heller und Dr. Weismayr, umgeben ist. Störungen sind nicht mehr erwünscht, Bruckner verfällt geistig wie psychisch. Am 11. Oktober 1896 stirbt er um 4 Uhr nachmittags im 73. Lebensjahr.

Die gesamte Wiener Presse nimmt das Ereignis als Schlagzeile auf die Titelseite. Insgesamt entstanden zum Tode Bruckner knapp 80 Artikel. Eine Analyse ihrer Inhalte ergibt jene Klischees, die nachweisbar bis zum heutigen Tage wirksam bleiben. Die Reizworte sind: Dickfälligkeit, ungeschickte Verliebtheit, Gutmütigkeit, fantasievolles Können, ein hartes, entbehrungsreiches Leben, Zerstreutheit, Fleiß, schicksalhaftes Unglück, ein im Dienste der Kunst jederzeit Bereitstehen, Verletzung feiner Sitten, Bauernschläue, musikalische Sensibilität, die gegen Verletzungen allergisch wird, Frömmigkeit und Naivität, Großzügigkeit zu Kindern, Tierfreundlichkeit, ein allzu ehrliches und deswegen in der Praxis zu kurz kommendes Verhalten, Biederkeit, Armut, Unterwürfigkeit, Autoritätsglaube, Eingebung in Träumen, demütige Lehrhaftigkeit, Verkennung, historische Ehrfurcht und solche vor berühmten Zeitgenossen, dumme Vorsicht, Bruderliebe, Lebensfreude im Alter, verdientes Geehrtwerden, einfache Sinneslust, immerwährende Hungrigkeit, Bierdurst, Starrsinn, Wissen um die eigene Gewichtigkeit, Nachgeben gegenüber anerkannten Fachautoritäten. Neid und Mißgunst, neiderfüllte Kritik, böswillige Anfeindung, bissige Gegnerschaft oder stumpfsinnige Kritik wird den Feinden zugeschrieben und ihnen eine zielbewußte Kampagne gegen Bruckner unterstellt. Eine messianische Dimension wird Bruckner ebenso zugeschrieben wie eine Stellvertretung der Christusfigur. Da gibt es die *Schaar seiner Jünger, Verkündigungen, tönende Offenbarungen*, das *Pharisäertum der Kritik*, den *Dornenweg des Gegeißelten*, die *Zeit in der Wüste*. Die deutschnationale Variante ist vorhanden mit ihrer militärischen Führermetapher, Adelsprädikate für Bruckner werden gefunden, ja der *Übermensch* wird strapaziert.

Die zum Tode Anton Bruckners erschienenen Artikel umgreifen in ihrer Gesamtheit nahezu alle Tendenzen des Musikschrifttums, das sich bis in die sechziger Jahre dieses Jahrhunderts ganz gewiß und dann noch teilweise mit

Bruckner in dieser Form befaßte. Erst jetzt werden vereinzelt auf Grund neuer Quellenforschung und eines kritischeren Blickwinkels diese Klischees durchbrochen.

Musikalisch geprägt waren die letzten Jahre vom Aufwand um die Neunte Sinfonie. Die Entstehungszeit ihrer drei vollendeten Sätze ist die längste, die Bruckner je für ein Werk aufbringen mußte: vom 21. September 1887 bis zum 30. November 1894. In ihr, vom Anfang an dem „Lieben Gott" gewidmet, wollte Bruckner sein Schlußwort zur Auseinandersetzung um die Sinfonie setzen, ein Schlußwort bei dem der Schluß (eines 4. Satzes) scheiterte. Dieses Scheitern mit der fehlenden Kompositionszeit zu erklären, ist zu einfach. Tatsächlich dürfte Bruckner nicht mehr gewußt haben, was er denn analog zu Beethovens Chorfinale in der Neunten zu setzen hätte. Möglicherweise das *Te Deum,* wie manche Autoren vermuten, möglicherweise eine andere Komposition. Das skizzierte Finale, das inzwischen über 35 Versuche der Vollendung durch andere Komponisten erfahren hat, gibt letztlich keinen Aufschluß. Deswegen sind auch noch so gut gemeinte und geschickt gemachte Fertigstellungen unnütz. Und wie man sieht und wie in jeder Aufführung immer wieder aufs neue nachgewiesen wird, stellen auch die drei verbliebenen Sätze ein Ganzes dar, das in einer Art Kompendium Bruckners Leistung für die Sinfonie noch einmal und schlußendlich zusammenfaßt.

Manche Autoren neigen dazu, bestimmte auffallende musikalische Parameter der Neunten Sinfonie als innovatorisch für die Zukunft zu betrachten. Klangfarbe und Formbildung, die meistens dafür genannt werden, sind zweifellos eigenständig identifizierbar, aber in ihrer

Grundstruktur bereits vorausgedacht, auch vorausformuliert, nur durch neue Kombinationen und Verknüpfungen und möglicherweise auch durch neue Wegstrecken anders variiert. Formal gesehen entspricht der Kopfsatz, wie immer als Sonatenhauptsatz konstruiert, einer Kombination der Dimensionen, die in der Fünften und Sechsten Sinfonie bereits vorgeführt worden waren. Vom Klangbild her ist die Nähe zur Dritten Sinfonie nicht zu übersehen. Auch die Umstellung des Scherzos an die zweite Stelle ist bereits in der Achten probiert worden, so daß als letzte große Leistung des Komponisten die Integration von bislang individual bestimmten Bereichen zu einem Ganzen und Verständlichen gesehen werden muß. Dies geschah nicht in Form der Collage, was auch möglich gewesen wäre und was in manchen Sinfonien vorher ausprobiert wurde, sondern in einem Verknüpfungsmodell, das mit der Überlappung von einzelnen Instrumentengruppen beginnt und die schon bekannten Verschiebungen und Versetzungen von Formteilen weiterführt. Jetzt sind auch plötzlich die großen Pausen, die so oft eliminiert waren, wieder da und trotz aller Zertrümmerungsabsichten des klanglichen Kontexts, der folgerichtig die Katastrophe hätte stehen lassen müssen, eine Lösung, die zugegebenermaßen nach Verklärung schmeckt. Aber gerade dieses Element der Weiterführung durch Nebeneinanderstellung war schon Bruckners ureigenstes Anliegen gewesen und hatte auch so viel zum Mißverständnis beigetragen, dem sich weder Brahms noch andere bedeutende Musikspezialisten hatten entziehen können.

Dieses Integrationsmodell, das auch im Sinn einer Zusammenfassung des persönlich Erreichten mit dem, was in der Musikgeschichte erreicht wurde, zu tun hat, ist ein Kennzeichen von Spätwerken überhaupt. Es fällt auf, daß die letzten Werke Beethovens, Verdis, Schuberts, Mozarts, ja letztlich sogar Haydns nicht als fortschrittlich in der Entwicklung formaler Errungenschaften allein qualifiziert werden können. Allen genannten Komponisten ist gemeinsam, daß sie in den letzten Jahren ihres Schaffens Erreichtes, meistens lange vorher Erreichtes, noch einmal zusammenfassen oder in der Reflexion ihrer Arbeit auf jene historischen Epochen Bezug nehmen, die sie für die musikalische Aussage als gültig ansehen.

In diesem Zusammenhang ist verständlich, daß Mozart am Ende seines Schaffens noch einmal die Integration von barocker Fuge und klassischer Sonatenform versucht (Finale der *Jupitersinfonie* K. 551) oder, wie im Fall der *Zauberflöte* (Ouvertüre), dasselbe Moment auf die Oper übertragen möchte. Beethoven erzwang den Bezug zu Palestrina und der frühbarocken Vokalwelt und integriert ihn in die inzwischen reichlich klassisch ausgerichtete Messe (Missa solemnis) und die noch klassischer ausgerichtete Sinfonie (Neunte). So greift Schubert im Fragment seines *Lazarus* weit hinter die Entsprechung des Szenischen, wie sie sich im Oratorium breitmachte, zurück und bewirkte so ein uns heute modern anmutendes Verfremdungsmoment. So greift Giuseppe Verdi in den à capella-Chören seiner *Quatro pezzi sacri* selbst mittelalterliche Tonfortschreitungen thematisch auf und setzt sich mit der Syllabik des gregorianischen Chorals auseinander. So bringt Haydn am Schluß seines Lebens die Einfachheit und Schlichtheit bis zu den Rückgriffen des in der Jugend erworbenen reinen zweistimmigen Satzes in die unvollendeten Streichquartette ein oder schafft eine *summa missarum* in der *Harmoniemesse*. Dort findet sich der Oktavsprung der *Nelson-Messe,* die Melodik der *Mariazeller Messe,* die Thematik der Credo-Fuge der *Theresien-Messe,* der Doppelfugencharakter der *Heilig-Messe* noch einmal übergreifend zusammengefaßt.

Es ist schon möglich, diese gemeinsamen Momente, dieses Bezugnehmen auf Erreichtes und das Mischen dieses Erreichten auch als Nachlassen der kreativen Potenz, als Folge von Alter und Krankheit zu begreifen, die dem Komponisten nicht mehr erlaubt, Neues, Originelles, Ungehörtes vorzustellen, sondern ihn allenfalls dazu zwingt, bereits Erworbenes in neuer Positionierung zu wiederholen. Die neue Positionierung aber ist das Stichwort. Denn allen genannten Tonkünstlern ist gemeinsam, daß keiner von ihnen vom Modell der bloßen Imitation im Sinn der Collagenvergabe ausgeht, sondern daß durch die Kombination, Integration, durch das neue Mischen der substantiellen Elemente eine neue Ordnung entsteht.

Für Anton Bruckner scheint dieselbe Formel anwendbar zu sein. Hatte er in den früheren Sinfonien und vor allem in den ersten Fassungen bis an die Grenzen des Erträglichen für ihn wichtige Zielvorstellungen erforscht und gegen des Widerstand von Freunden und Öffentlichkeit letztlich auch – zumindest teilweise – durchgesetzt, so beschäftigten ihn am Ende seines Lebens, wo er tatsächlich körperlicher Schwäche anheimfällt, die Verknüpfung des einmal Erreichten, der Versuch der Integration, die Übernahme in einen andersgearteten Zusammenhang, die Gesamtschau des von ihm mühsam Erworbenen und verblüffenderweise auch die Radikalisierung der einmal eingeschlagenen Pfade.

Dies hat wahrscheinlich darin seine Ursache, daß er sein gesamtes Wissen ohnehin aus traditionell festgelegten Modellen erwarb, Barock und Klassik für ihn zumindest in Messe und Sinfonie Ausgangspunkte waren, auf die er sich zeit seines Lebens besann. Bruckners zeitgemäßer Anteil an der tonalen Sprache des 19. Jahrhunderts war die Alterationschromatik, die das letzte Stadium der Funktionsharmonik darstellt. Die Modulation bezieht sich bei ihm zwar auf einen tonalen Kernpunkt, nimmt aber eine derartige Geschwindigkeit des Wechsels an, daß im Bewußtsein dieser Kernpunkt verlorengeht. Bruckner versucht die Neuverteilung der formtragenden Elemente von Motivik und Rhythmik her. Er ersetzt, wo immer er kann, den zentralen harmonischen Gedanken durch Nebenwege oder beharrt auf ihm über lange Zeiten, um nachzuweisen, daß selbst die Wichtigkeit ihres Existierens nicht imstande ist, den melodischen Einfall zu hemmen. Bruckner verbindet damit zwei entgegengesetzt entworfene Modellvorstellungen von Musik zu einem Ganzen. Obwohl er einerseits dem Außenstimmensatz, der Baßordnung der Generalbaßlehre unterworfen ist, entwirft er andererseits eine dialektisch dazu stehende harmonische Struktur, die ebensooft von Mittel- oder Oberstimmen oder Füllstimmen abhängt und eine neue harmonische Welle außerhalb des strengen Generalbasses erzielt. Wie sehr ihm diese Grenzen der Modulationsfähigkeiten, die früher oder später in der Auflösung der Tonalität münden mußten, bewußt waren, geht daraus hervor, daß die Schlüsse aller Werke ausgedehnteste Bestätigungen des Zentrums, wie sie sonst überhaupt nicht zu finden sind, erfordern. Und es wird kein Zufall sein, daß die Schlußfixierung der Tonart E-Dur am Ende des Adagios der Neunten Sinfonie exakt jene drei Minuten und fünf Sekunden in Anspruch nimmt, die die tonale Bestätigungsarbeit in der Entwicklung zur Festigung des ersten Themas des 1. Satzes in d-Moll dauerte.

So schließt sich symbolisch der Kreis und der Anfang – ward wie das Ende.

Zeittafel

1824 * Anton Bruckner am 4. September in Ansfelden/Oberösterreich
† Lord Byron
* Peter Cornelius und Friedrich Smetana
Beethovens Missa solemnis uraufgeführt

1825 * Johann Strauß-Sohn und Eduard Hanslick
† Jean Paul
Franz Schubert schreibt seine Große Sinfonie in C-Dur
Erste Eisenbahnlinie von Stockton nach Darlington

1826 † Carl Maria von Weber (nach der Komposition des Oberon) an Schwindsucht

1827 † Ludwig van Beethoven, Wilhelm Hauff, J. H. Pestalozzi
Schuberts *Winterreise* entsteht
Karl Baedeker gründet Reisebuchverlag

1828 † Franz Schubert

1829 Erste Aufführung von J. S. Bachs *Matthäuspassion* nach dessen Tod durch Felix Mendelssohn-Bartholdy

† Friedrich Schlegel
Erster Ruderwettkampf Oxford – Cambridge

1830 Juli-Revolution in Paris
Aufstand der Polen (wodurch es Chopin nach Paris verschlägt)
Erhebung Belgiens gegen die Niederlande
* Kaiser Franz Joseph

1831 † Georg Wilhelm Friedrich Hegel und Achim von Arnim
Gründung der französischen Fremdenlegion

1832 † Johann Wolfgang von Goethe und Karl Friedrich Zelter
Hector Berlioz komponiert die *Symphonie fantastique*
* Wilhelm Busch und Edouard Manet

1833 * Johannes Brahms
Mendelssohn-Bartholdy schreibt seine „Italienische" Sinfonie

1834 Spanien erhält liberale Verfassung
Franz Xaver Gabelsberger entwickelt Stenographie
Michael Faraday veröffentlicht seine Gesetze der Elektrolyse

1835 Johann Baptist Weiß übernimmt die musikalische Ausbildung Bruckners in Orgel, Allgemeiner Theorie und Kontrapunkt, erste Kompositionen Bruckners
† Wilhelm von Humboldt
Erste deutsche Eisenbahn zwischen Nürnberg und Fürth

1836 † James Mill
Giacomo Meyerbeer schreibt *Die Hugenotten*

1837 † Bruckners Vater nach schwerer Krankheit
Bruckner kommt als Sängerknabe nach St. Florian
Georg Büchner schreibt seinen *Woyzeck*
Charles Dickens schreibt *Oliver Twist*
Albert Lortzing komponiert *Zar und Zimmermann*
Victoria wird Königin von England

1838 * Georges Bizet, Max Bruch
Louis Jacques Daguerre entwickelt erstes fotografisches Verfahren
Auguste Comte prägt den Wissenschaftsnamen Soziologie

1839 * Modest Mussorgskij, Paul Cézanne
Charles Goodyear erfindet Kautschukgalvanisation

1840 Bruckner an der Präparandie in Linz
* Peter Iljitsch Tschaikowsky
† Nicolò Paganini, Caspar David Friedrich
Samuel Morse erarbeitet das nach ihm benannte Alphabet

1841 Bruckner kommt nach Windhaag
† Karl Friedrich Schinkel
Robert Schumann schreibt seine Erste Sinfonie

1842 † Clemens Brentano, Luigi Cherubini
Das New York Philharmonic Orchestra und die Wiener Philharmoniker werden gegründet
Buren gründen Oranje-Freistaat in Südafrika
China tritt nach dem Opium-Krieg Hongkong an die Briten ab

1843 Bruckner Schulgehilfe in Kronstorf
† Friedrich Hölderlin
Richard Wagner schreibt *Der fliegende Holländer*

1844 Aufstand der Weber in Schlesien
* Friedrich Nietzsche, Nikolai Rimskij-Korsakow
Hector Berlioz veröffentlicht seine *Instrumentationslehre,* Heinrich Heine *Deutschland, ein Wintermärchen*

1845 Bruckner in St. Florian
* König Ludwig II. von Bayern
Wagner schreibt *Tannhäuser*

1846 Krieg zwischen den USA und Mexiko
Freilegung des Hallstädter Gräberfeldes im Salzkammergut
Karl Zeiss gründet optische Werke in Jena

1847 Bruckner hört Mendelssohns Oratorium *Elias* in Linz
* Max Liebermann, Thomas Alva Edison
† Felix Mendelssohn-Bartholdy
Ignaz Semmelweis besiegt das Kindbettfieber
Gründung der Elektrofirma Siemens & Halske

1848 Bruckner wird „provisorischer Stiftorganist" in St. Florian
Revolutionen in Frankreich, Österreich und Deutschland
Nationalversammlung in der Frankfurter Paulskirche
Das Kommunistische Manifest von Karl Marx und Friedrich Engels

1849 Flucht Wagners nach dem Maiaufstand in Dresden
† Fredéric Chopin, Edgar Allan Poe
Charles Dickens verfaßt *David Copperfield*

1850 Bruckner besteht Lehramtsprüfung für Realschulen
Bach-Gesellschaft gegründet
Eugène Delacroix malt die *Löwenjagd*

1851 † Albert Lortzing, William Turner
Giuseppe Verdi schreibt *Rigoletto*

1852 Bruckners *Magnificat* (WAB 24)
Onkel Tom's Hütte von Harriet Beecher-Stowe erscheint
Erste Ausgaben von *Meyers Conversationslexikon*

1853 Beginn des Krimkrieges
Heinrich E. Steinweg gründet in New York „Steinway & Sons"
Verdi schreibt *La Traviata*

1854 Bruckners Missa solemnis (WAB 29)
Schumann stürzt sich in den Rhein
Franz Liszt schreibt *Les Preludes*

1855 Bruckner besteht die Hauptschullehrerprüfung in Linz; ab Juli Studien bei Simon Sechter in Wien
Liszt schreibt die *Faust-Sinfonie*

1856 Definitivstellung Bruckners als Domorganist in Linz; Mitglied der Liedertafel „Frohsinn"
* Sigmund Freud, George Bernard Shaw
† Robert Schumann, Heinrich Heine

1857 Charles Baudelaires *Die Blumen des Bösen* erscheinen

Hans von Bülow heiratet Cosima Liszt
* Max Klinger, Edward Elgar
† Michail Glinka

1858 Bruckner wird erstmals in der Presse (Wiener Zeitung) erwähnt
Wilhelm Buschs *Max und Moritz* erscheint
* Max Planck

1859 † Louis Spohr, Fürst Metternich
Johannes Brahms schreibt sein 1. Klavierkonzert
Verdi komponiert *Ein Maskenball*
Wagner vollendet *Tristan und Isolde*
† Alexander von Humboldt

1860 Bruckner wird zum Ersten Chormeister der Liedertafel „Frohsinn" ernannt
Erste Boxweltmeisterschaft in England
Abraham Lincoln wird Präsident der USA

1861 Bruckner bewirbt sich erfolglos um Kapellmeisterstelle in Salzburg und Lehrstelle am Konservatorium der Gesellschaft der Musikfreunde; ab November Kompositionsunterricht beim Linzer Kapellmeister Otto Kitzler
Streichquartett in c-Moll (WAB 111)

1862 Marsch (WAB 96) für Orchester
3 Orchesterstücke (WAB 97)
Ouvertüre (WAB 98)
Köchelverzeichnis der Werke Mozarts erscheint
* Claude Debussy
Otto von Bismarck wird Ministerpräsident und

Außenminister Preußens
Erste Messung der Lichtgeschwindigkeit (durch Léon Foucault)

1863 Sinfonie in f-Moll (WAB 99)
Germanenzug (WAB 70)
Sinfonie in d-Moll „Nullte" (WAB 100)
Bruckner studiert Wagners *Tannhäuser*

1864 Messe in d-Moll (WAB 26)
† Giacomo Meyerbeer
* Eugen d'Albert, Richard Strauss

1865 Bruckner trifft Wagner und von Bülow in München anläßlich der Uraufführung von Wagners *Tristan und Isolde*
Ende des Bürgerkrieges in den USA
Lincoln wird ermordet

1866 Messe in e-Moll (WAB 27)
Erste Sinfonie (WAB 101)
Bruckner hört Berlioz' *Fausts Verdammnis* in Wien

1867 Bruckners Kuraufenthalt in Bad Kreuzen; erstes Gesuch Bruckners um eine Stelle als Kompositionslehrer an der Universität; Arbeit an der Messe in
f-Moll (WAB 28)

1868 Uraufführung der Ersten Sinfonie
Bruckner wird Professor für Harmonielehre, Kontrapunkt und Orgelspiel am Wiener Konservatorium; Ernennung zum Hoforganisten („in Expektanz")

Bruckner hört die Uraufführung der *Meistersinger* in München

1869 Orgelkonzerte in Nancy und Paris
† Hector Berlioz
Wagner vollendet *Rheingold*
Brehm's Tierleben erscheint

1870 Bruckner erhält Lektorat für Musiktheorie, Klavier und Orgelunterricht an der Lehrerbildungsanstalt St. Anna; Ernennung zum Ehrenbürger von Ansfelden

1871 Orgelkonzerte in London
Charles Darwin veröffentlicht seine Abstammungslehre
Gründung des vereinten Deutschen Reiches nach dem deutsch-französischen Krieg

1872 Uraufführung der f-Moll-Messe; die Zweite Sinfonie wird fertiggestellt und von den Wiener Philharmonikern abgelehnt
* Sergej Diaghilev

1873 Uraufführung der Zweiten Sinfonie unter Bruckners Leitung; Dritte Sinfonie abgeschlossen
Bruckner reist nach Karlsbad, Marienbad und Bayreuth
Dreikaiserbündnis zwischen Deutschland, Österreich und Rußland
Weltausstellung in Wien
* Sergej Rachmaninov, Max Reger

1874 Bruckner stellt den zweiten vergeblichen Antrag

auf eine Stelle an der Universität; die Arbeit an der Vierten Sinfonie wird vollendet
* Arnold Schönberg
† Peter Cornelius
Modest Mussorgskij komponiert *Boris Godunow*

1875 Lehrtätigkeit an der Wiener Universität
Friedrich Smetana arbeitet an *Mein Vaterland*
Carmen von Georges Bizet wird in Paris uraufgeführt

1876 Umzug von der Währinger Straße in die Heßgasse; Bruckner vollendet die Fünfte Sinfonie; die Dritte wird von den Philharmonikern abgelehnt; Bruckner zur Eröffnung der Bayreuther Festspiele
Das Telefon und der Otto-Motor werden erfunden

1877 Vergebliche Bewerbung um Hofkapellmeisterstelle als Nachfolger Johann Herbecks
* Alfred Kubin

1878 Ernennung zum „Wirklichen" Mitglied der Hofkapelle; Streichquintett in F-Dur begonnen

1879 Orgelkonzert in Wien; Beginn der Arbeit an der Sechsten Sinfonie
* Otto Hahn (Entdecker der Urankernspaltung)
Thomas Alva Edison erfindet Kohlenfadenlampe
Henrik Ibsen schreibt *Nora*

1880 Bruckner reist nach Oberammergau und durch die Schweiz
† Gustave Flaubert, Anselm Feuerbach

1881 Bruckner beginnt am *Te Deum* und an der Siebenten Sinfonie zu arbeiten
Elektrische Straßenbahn in Berlin, erste Telefonnetze in Deutschland

1882 Bruckners letzte Begegnung mit Wagner anläßlich von Wagners *Parzifal* in Bayreuth
Berliner Philharmonisches Orchester unter Hans von Bülow gegründet
* Igor Strawinsky

1883 † Richard Wagner
* Anton von Webern
Brahms schreibt Dritte Sinfonie
Nietzsche schreibt *Also sprach Zarathustra*

1884 Ehrenmitgliedschaft Bruckners im Wiener Akademischen Wagnerverein
Arbeit an der Achten Sinfonie (WAB 108)
Aufführung des *Te Deum* in Leipzig unter Arthur Nikisch

1885 Dritte Sinfonie wird in New York gespielt
Brahms komponiert die Vierte Sinfonie

1886 Orgelimprovisation Bruckners anläßlich der Trauerfeierlichkeiten für den verstorbenen Liszt in Bayreuth
Verleihung des Ritterkreuzes des Franz-Josephs-Ordens an Bruckner
† Ludwig II. von Bayern

1887 Erstfassung der Achten Sinfonie
Verdi schreibt *Otello*
Berliner erfindet Plattengrammophon

1888 3. Fassung der Vierten Sinfonie fertiggestellt und aufgeführt
Tschaikowsky veröffentlicht seine Fünfte Sinfonie
Theodor Storm veröffentlicht seine Novelle *Der Schimmelreiter*

1889 Treffen mit Brahms im „Roten Igel"; Beendigung der Arbeiten an der 3. Fassung der Dritten Sinfonie; Beginn der Arbeit an der Neunten

1890 Beurlaubung vom Konservatoriumsunterricht wegen Krankheit
Aufführung der 3. Fassung der Dritten Sinfonie
† Vincent van Gogh und Cesar Franck
Pietro Mascagni komponiert *Cavalleria rusticana*
Carl Stumpf veröffentlicht *Tonpsychologie*

1891 Ehrenmitgliedschaft in der Gesellschaft der Musikfreunde
Wiener Fassung der Ersten Sinfonie;
Ehrendoktorat der Philosophischen Fakultät; Reise nach Berlin, wo das *Te Deum* unter Siegfried Ochs aufgeführt wird
Hochspannungstransformator von Teslar erfunden

1892 Psalm 150 (WAB 38); Abschluß eines Verlagsvertrages über die Sinfonien Nr. 1, 2, 5 und 6, über die Messen in e- und f-Moll sowie einige kleiner Chorstücke; letztmaliger Besuch in Bayreuth; Ausscheiden aus dem Dienst der Wiener Hofkapelle

1893 *Helgoland* (WAB 71)
Rudolph Diesel baut seinen Motor
Engelbert Humperdinck veröffentlicht *Hänsel und Gretel*
* George Grosz
† Peter Iljitsch Tschaikowsky

1884 Ernennung zum Ehrenbürger von Linz; letzte Vorlesung an der Wiener Universität
Gustav Mahler komponiert seine „Erste"
Lokalanästhesie erfunden
Rudolf Steiner stellt seine Philosophie vor

1895 Bruckners Umzug ins „Kustodenstöckl" des Schlosses Belvedere
* Paul Hindemith, Johann Nepomuk David
Erste Filmvorführung in Berlin
Wilhelm Conrad Röntgen entdeckt die nach ihm benannten Strahlen

1896 Bruckner stirbt am 11. Oktober und wird in St. Florian vier Tage darauf beigesetzt
† Clara Schumann
Mahler komponiert die Dritte Sinfonie
Giacomo Puccini komponiert *La Bohème*
Erste olympische Spiele der Neuzeit in Athen
Die radioaktive Strahlung des Urans wird von Henri Becquerel entdeckt

Werkverzeichnis (WAB)*

I. Geistliche Vokalmusik

Pange lingua WAB 31 für vierstimmigen gemischten Chor (zwischen 1835 und 1843)

Messe C-Dur (Windhaager) WAB 25 für Alt, 2 Hörner und Orgel (um 1842)

Pange lingua (Tantum ergo) WAB 32 für vierstimmigen gemischten Chor (1843)

Libera me, Domine (I) WAB 21 für vierstimmigen gemischten Chor und Orgel (um 1843)

2 *Asperges me* WAB 3 für vierstimmigen gemischten Chor und Orgel (zwischen 1843 und 1845)

Christus factus est (I), Messe ohne Kyrie und Gloria; Choralmesse für den Gründonnerstag WAB 9 für vierstimmigen gemischten Chor (1844)

Messe ohne Gloria („Kronstorfer Messe") WAB 146 für vierstimmigen gemischten Chor (1844)

4 *Tantum ergo* WAB 41 für vierstimmigen gemischten Chor (1846)

---

* auf der Grundlage von Renate Grasbergers *Werkverzeichnis Anton Bruckner.* Die verschollenen Werke (WAB 132-135), die Entwürfe (WAB 136-143) und zweifelhafte Kompositionszuschreibungen (WAB 144-145) sind nicht einzeln aufgeführt

Tantum ergo WAB 42 für fünfstimmigen gemischten Chor und Orgel (1846)

Requiem WAB 39 für Soli, vierstimmigen gemischten Chor, Orchester und Orgel (1848/49)

Tantum ergo WAB 43 für vierstimmigen gemischten Chor und Orgel (1848 oder 1849)

In jener letzten der Nächte WAB 17 für vierstimmigen gemischten Chor (um 1848)

Entsagen WAB 14 für Sopran- oder Tenor-Solo, vierstimmigen gemischten Chor und Orgel oder Klavier (um 1851)

Magnificat WAB 24 für Soli, vierstimmigen gemischten Chor, Orchester und Orgel (1852)

Psalm 114 WAB 36 für fünfstimmigen gemischten Chor und 3 Posaunen (1852)

Totenlied Nr. 1 WAB 47 für vierstimmigen gemischten Chor (1852)

Totenlied Nr. 2 WAB 48 für vierstimmigen gemischten Chor (1852)

Psalm 22 WAB 34 für vierstimmigen gemischten Chor und Klavier (um 1852)

Libera me, Domine (II) WAB 22 für fünfstimmigen gemischten Chor, 3 Posaunen, Bässe (Violoncello/Kontrabaß) und Orgel (1854)

Vor Arneths Grab WAB 53 für vierstimmigen Männerchor und 3 Posaunen (1854)

Missa solemnis in B WAB 29 für Soli, vierstimmigen gemischten Chor, Orchester und Orgel (1854)

Tantum ergo WAB 44 für vierstimmigen gemischten Chor, 2 Violinen, 2 Trompeten und Orgel (1854 oder 1855)

Festgesang WAB 15 für vierstimmigen gemischten Chor,

Sopran-, Tenor- und Baß-Solo und Klavier (1855)

Ave Maria (I) WAB 5 für vierstimmigen gemischten Chor (mit Sopran- und Alt-Solo), Orgel und Violoncello (1856)

Dir, Herr, dir will ich mich ergeben WAB 12 für vierstimmigen gemischten Chor (zwischen 1858 und 1868)

Psalm 146 WAB 37 für Soli, vierstimmigen gemischten Doppelchor und großes Orchester (1860)

Am Grabe WAB 2 für vierstimmigen Männerchor (1861)

Ave Maria (II) WAB 6 für siebenstimmigen gemischten Chor (1861)

Afferentur regi WAB 1 für vierstimmigen gemischten Chor, 3 Posaunen und Orgel *ad libitum* (1861)

Festkantate WAB 16 für vierstimmigen Männerchor, Bariton-Solo, Blasorchester und Pauken (1862)

Psalm 112 WAB 35 für achtstimmigen gemischten Doppelchor und großes Orchester (1863)

Messe Nr. 1 d-Moll WAB 26 für Soli, vierstimmigen gemischten Chor und großes Orchester (1864)

Trauungslied WAB 49 für vierstimmigen Männerchor mit Soloquartett und Orgel

Messe Nr. 2 e-Moll WAB 27 für achtstimmigen gemischten Chor und Bläser (1866)

Messe Nr. 3 f-Moll WAB 28 für Soli, vierstimmigen gemischten Chor, großes Orchester und Orgel (1867/68)

Pange lingua et Tantum ergo WAB 33 für vierstimmigen gemischten Chor (1868)

Inveni David (I) WAB 19 für vierstimmigen Männerchor und 4 Posaunen (1868)

Asperges me WAB 4 für vierstimmigen gemischten Chor (um 1868)

In S. Angelum custodem WAB 18 für vierstimmigen gemischten Chor (um 1868)

Locus iste WAB 23 für vierstimmigen gemischten Chor (1869)

Tota pulchra es WAB 46 für Tenor-Solo, vierstimmigen gemischten Chor und Orgel (1878)

Zur Vermählungsfeier WAB 54 für vierstimmigen Männerchor (1878)

Os justi WAB 30 für vier- bis achtstimmigen gemischten Chor (1879)

Inveni David (II) WAB 20 für Singstimme mit Orgel (1879)

Christus factus est (II) WAB 10 für achtstimmigen gemischten Chor, Streicher und 3 Posaunen (um 1879)

Ave Maria (III) WAB 7 für Altstimme und Klavier, Orgel oder Harmonium (1882)

Te Deum WAB 45 für Soli, vierstimmigen gemischten Chor, großes Orchester und Orgel *ad libitum* (1884)

Christus factus est (III) für vierstimmigen gemischten Chor (1884)

Salvum fac populum WAB 40 für vierstimmigen gemischten Chor (1884)

Veni creator spiritus (Orgelbegleitung) WAB 50 (um 1884)

Ecce sacerdos WAB 13 für achtstimmigen gemischten Chor, 3 Posaunen und Orgel (1885)

Virga Jesse WAB 52 für vierstimmigen gemischten Chor (1885)

Ave regina coelorum WAB 8 für Singstimme mit Orgel (um 1886)

Vexilla regis WAB 51 für vierstimmigen gemischten Chor (1892)

Psalm 150 WAB 38 für Soli, vierstimmigen gemischten Chor und großes Orchester (1892)

II. Weltliche Vokalmusik

An dem Feste WAB 59 für vierstimmigen Männerchor (1843)

Festlied WAB 67 für vierstimmigen Männerchor (1843)

Tafellied WAB 86 für vierstimmigen Männerchor (1843)

Vergißmeinnicht WAB 93 für achtstimmigen gemischten Chor (1845)

Das Lied vom deutschen Vaterland WAB 78 für vierstimmigen Männerchor (1845?)

Ständchen WAB 84 für Männerquartett mit Brummstimmen und Tenor-Solo (um 1846)

Der Lehrerstand WAB 77 für vierstimmigen Männerchor (um 1847)

Sternschnuppen WAB 85 für Männerquartett (1848)

Frühlingslied WAB 68 für Singstimme und Klavier (1851)

Die Geburt WAB 69 für vierstimmigen Männerchor (1851)

2 Sängersprüche (Motti) WAB 83 für vierstimmigen Männerchor (1851)

Das edle Herz (1. Vertonung) WAB 65 für vierstimmigen Männerchor (um 1851)

Auf, Brüder, auf zur frohen Feier WAB 61 für Sopran, Alt, 2 Tenöre und 2 Bässe mit 3 Hörnern, 2 Trompeten und 1 Baßposaune (1852)

Laßt Jubeltöne laut erklingen WAB 76 für vierstimmigen Männerchor und Bläser (1854)

Auf, Brüder, auf! Und die Saiten zur Hand WAB 60 für Männersoloquartett, vierstimmigen Männerchor, vierstimmigen gemischten Chor und Bläser (1855)

Des Dankes Wort sei mir vergönnt WAB 62 für fünfstimmigen Männerchor mit Tenor- und Baß-Solo (1855)

Amaranths Waldeslieder WAB 58 für Singstimme und Klavier (1858?)

Du bist wie eine Blume WAB 64 für gemischtes Vokalquartett (1861)

Das edle Herz (2. Vertonung) WAB 66 für vierstimmigen gemischten Chor (1861)

Der Abendhimmel (1. Vertonung) WAB 55 für Männerquartett (1862)

Volkslied WAB 94 für a) vierstimmigen Männerchor; b) Singstimme und Klavier (um 1861)

Germanenzug WAB 70 für vierstimmigen Männerchor und Bläser (1863)

Herbstlied WAB 73 für vierstimmigen Männerchor, 2 Sopran-Soli und Klavier (1864)

Um Mitternacht (1. Vertonung) für vierstimmigen Männerchor, Alt-Solo und Klavier (1864)

Vaterländisches Weinlied WAB 91 für vierstimmigen Männerchor (1866)

Vaterlandslied WAB 92 für vierstimmigen Männerchor mit Tenor- und Bariton-Solo (1866)

Der Abendhimmel (2. Vertonung) WAB 56 für vierstimmigen Männerchor (1866)

Im April WAB 75 für Singstimme und Klavier (1868)

Mein Herz und deine Stimme WAB 79 für Singstimme und Klavier (1868)

Herbstkummer WAB 72 für Singstimme (Tenor) und Klavier (1868?)

2 Wahlsprüche WAB 95: Nr. 1 für vierstimmigen gemischten Chor (1868); Nr. 2 für vierstimmigen Männerchor (1868?)

Motto und Begrüßung (2 Motti) WAB 148 für vierstimmigen Männerchor (1869)

Mitternacht WAB 80 für vierstimmigen Männerchor, Tenor-Solo und Klavier (1870)

Motto WAB 147 für vierstimmigen Männerchor (1874)

Das hohe Lied WAB 74: 1. Fassung für vier- bis achtstimmigen Männerchor (teilweise Brummchor), 2 Tenor- und 1 Bariton-Solo; 2. Fassung für vier- bis achtstimmigen Männerchor (Übertragung des Brummchores auf 2 Violen, Violoncello und Kontrabaß), 1 Tenor-Solo, 4 Hörner, 3 Posaunen, 1 Tuba (1876)

Nachruf WAB 81 für vierstimmigen Männerchor und Orgel (1877)

Trösterin Musik WAB 88 für vierstimmigen Männerchor und Orgel (1877)

Abendzauber WAB 57 für vierstimmigen Männerchor, Tenorbariton-Solo, 3 Fern-Frauenstimmen und 4 Hörner (1878)

Sängerbund WAB 82 für vierstimmigen Männerchor (1882)

Um Mitternacht (2. Vertonung) WAB 90 für vierstimmigen Männerchor mit Tenor-Solo (1886)

Träumen und Wachen WAB 87 für vierstimmigen Männerchor mit Tenor-Solo (1890)

Das deutsche Lied WAB 63 für vierstimmigen Männerchor und Blechbläser (1892)

Helgoland WAB 71 für vierstimmigen Männerchor und erweitertes großes Orchester (1893)

III. Orchesterwerke

Marsch WAB 96 (1862)
3 Orchesterstücke WAB 97 (1862)
Ouvertüre WAB 98 (1862/63)
Sinfonie f-Moll WAB 99 (1863)
Sinfonie d-Moll WAB 100 „Nullte" (1863, 2. Fassung 1869)
Sinfonie Nr. 1 c-Moll WAB 101 (Linzer Fassung 1866, Wiener Fassung 1890/91)
Sinfonie Nr. 2 c-Moll WAB 102 (1871/72, 2. Fassung 1877)
Sinfonie Nr. 3 d-Moll WAB 103 (1872/73, 2. Fassung 1876/77, 3. Fassung 1888/89)
Sinfonie Nr. 4 Es-Dur WAB 104 *Romantische* (1874, 2. Fassung 1878-80, 3. Fassung 1887/88)
Sinfonie Nr. 5 B-Dur WAB 105 (1875/76)
Sinfonie Nr. 6 A-Dur WAB 106 (1879-81)
Sinfonie Nr. 7 E-Dur WAB 107 (1881-83)
Sinfonie Nr. 8 c-Moll WAB 108 (1884-1887, 2. Fassung 1887-90)
Sinfonie Nr. 9 d-Moll WAB 109 (1887-1896)

IV. Kammermusik

Streichquartett c-Moll WAB 111 (1861/62)
Abendklänge WAB 110 für Violine und Klavier (1866)
Streichquintett F-Dur WAB 112 (1878/79)
Intermezzo für Streichquintett WAB 113 (1879)

V. Werke für Bläser

Aequale WAB 114 für 3 Posaunen (1847)
Aequale WAB 149 für 3 Posaunen (1847)
Apollo-Marsch WAB 115 für Militärmusik (1862?)
Marsch WAB 116 für Militärmusik (1865)

VI. Klavierwerke

Lancier-Quadrille WAB 120 (um 1850)
Steiermärker WAB 122 (um 1850)
3 kleine Vortragsstücke WAB 124 (1852, 1853, 1854)
Quadrille WAB 121 (um 1854)
Klavierstück WAB 119 (um 1856)
Erinnerung WAB 117 (um 1860)
Stille Betrachtung an einem Herbstabend WAB 123 (1863)
Fantasie WAB 118 (1868)

VII. Orgelwerke

Präludium WAB 127 (um 1837)
4 Präludien WAB 128 (um 1837)
Vorspiel WAB 130 (um 1846 oder um 1852)
Vorspiel und Fuge WAB 131 (1847)
Nachspiel WAB 126 (um 1852)
Fuge WAB 125 (1861)
Präludium („Perger Präludium“) WAB 129 (1884)

Ausgewählte Literatur

Auer, Max: Bruckner, Zürich-Leipzig-Wien 1923

Doernberg, Erwin: The life and symphonies of Anton Bruckner, London 1960

Fischer, Hans Conrad: Anton Bruckner, Sein Leben, Salzburg 1974

Floros, Constantin: Brahms und Bruckner, Wiesbaden 1980

Grasberger, Renate: Werkverzeichnis Anton Bruckner (WAB), Tutzing 1977

Grasberger, Renate: Bruckner-Bibliographie, Graz 1985

Grasberger, Renate: Bruckner-Ikonographie, Teil 1, Graz 1985

Grebe, Karl: Anton Bruckner, Monographie, Reinbek b. Hamburg 1972

Haas, Robert: Anton Bruckner, Potsdam 1934

Hansen, Matthias: Anton Bruckner, Leipzig 1987

Kurth, Ernst: Bruckner, 2 Bde., Berlin 1925

Langevin, Paul-Gilbert: Anton Bruckner, Lausanne 1977

Metzger, Heinz Klaus und Rainer Riehn (Hrsg): Anton Bruckner (= Musik-Konzepte 23/24), München 1982

Nowak, Leopold: Anton Bruckner, Musik und Leben, Linz 1973

Nowak, Leopold: Über Anton Bruckner, Wien 1985

Orel, Alfred: Anton Bruckner, Das Werk, der Künstler, die Zeit, Wien-Leipzig 1925

Schöny, Heinz: Bruckner-Ikonographie (Anton Bruckner im zeitgenössischen Bildnis), Wien 1968

Schönzeler, Hans Hubert: Bruckner, London 1971, Wien 1974

Wagner, Manfred: Bruckner, Mainz 1983

Und: alle Bruckner-Dokumente, -Studien, -Berichte und -Jahrbücher des Anton Bruckner Institutes Linz

Bildnachweis

Umschlag:

Ölgemälde von Ferry Bératon (1889): Historisches Museum der Stadt Wien (I. N. 16837)

Anton Bruckner an der Orgel. Druck nach signiertem Schattenbild von Hans Schließmann, Postkarte im Verlag Brüder KOHN-Wien: Negativ aus dem Bildarchiv der Österreichischen Nationalbibliothek (NB 517.728)

Bildteile

1 Photographie: Dr. Hans Conrad Fischer

2 Photographie: Dr. Hans Conrad Fischer

3 Photographie von August Red und Carl Weidinger, Linz:
Sammlungen der Gesellschaft der Musikfreunde in Wien

4 Negativ aus dem Bildarchiv der Österreichischen Nationalbibliothek (I. N. 19853)

5 Geschnittene Silhouette von Otto Böhler (um 1890 bis 1895):

Oberösterreichisches Landesmuseum, Bibliothek (II 8490/Taf. 9)

6 Geschnittene Silhouette von Otto Böhler: Stadtmuseum Linz Nordico (I. N. 8093)

7 Sammlungen der Gesellschaft der Musikfreunde in Wien

8 Kolorierte Federzeichnung von Otto Böhler: Historisches Museum der Stadt Wien (I. N. 77.595/7)

9 Anton Bruckner Institut Linz

10 Photographie: Negativ aus dem Bildarchiv der Österreichischen Nationalbibliothek (L 8790)

11 Totenmaske, abgenommen von Josef Haberl und Karl Anselm Zinsler: Oberösterreichisches Landesmuseum, Bibliothek (PF III 18/14)

12 Photographie: Rupert Baumgartner

13 Negativ aus dem Bildarchiv der Österreichischen Nationalbibliothek (D 30486)

14 Negativ aus dem Bildarchiv der Österreichischen Nationalbibliothek (NB 300.496)

15 Negativ aus dem Bildarchiv der Österreichischen Nationalbibliothek (NB 300.227)

16 Negativ aus dem Bildarchiv der Österreichischen Nationalbibliothek (LW 71.934)

17 Negativ aus dem Bildarchiv der Österreichischen Nationalbibliothek (NB 300.154)

18 Erste Partiturseite der Sinfonie Nr. 4 (1. Fassung): Musiksammlung der Österreichischen Nationalbibliothek (Mus.Hs. 6032)

19 Titelseite des Erstdruckes Ried: Druck und Verlag Josef Kränzl: Negativ aus dem Bildarchiv der Österreichischen Nationalbibliothek (NB 300.589)

20 Geschnittene Silhouette von Otto Böhler: Oberösterreichisches Landesmuseum, Bibliothek (II 8490/Taf. 8)

21 Negativ aus dem Bildarchiv der Österreichischen Nationalbibliothek (I. N. 19855)

22 Negativ aus dem Bildarchiv der Österreichischen Nationalbibliothek (L 30.866)